APRENDER, ENSEÑAR Y EVALUAR

LAS CIENCIAS NATURALES EN NIVEL MEDIO SUPERIOR.

APRENDER, ENSEÑAR Y EVALUAR

LAS CIENCIAS NATURALES EN NIVEL MEDIO SUPERIOR.

GABRIELA OLVERA LANDEROS

Número de Control de la Biblioteca del Congreso de EE. UU.: 2012907326
ISBN: Tapa Blanda 978-1-4633-2759-0
Libro Electrónico 978-1-4633-2758-3

Este Libro fue impreso en los Estados Unidos de América.

Para pedidos de copias adicionales de este libro, por favor contacte con:
Palibrio
1663 Liberty Drive
Suite 200
Bloomington, IN 47403
Llamadas desde los EE.UU. 877.407.5847
Llamadas internacionales +1.812.671.9757
Fax: +1.812.355.1576
ventas@palibrio.com
404585

ÍNDICE

RESUMEN

El ingreso a un nivel distinto en la etapa de formación académica como lo es el paso de la educación media básica -la secundaria- a la educación media superior, trae consigo una serie de implicaciones que pocas veces se dimensiona en su totalidad. Por lo tanto se hace énfasis en la necesidad constante de actualización docente en los ámbitos tanto disciplinario como pedagógico del nivel medio superior, reconociendo la trascendencia e importancia de ser docente actualmente, y tomando en cuenta las características de los estudiantes, y el contexto escolar que prevalecen en la educación de nuestro país.

La Enseñanza y Aprendizaje de las Ciencias Naturales, no es la excepción ya que presenta algunos obstáculos, algunos de estos son el poco interés de los estudiantes hacia este tipos de asignaturas, la forma poco interesante y atractiva de enseñar por parte de los maestros, los grupos numerosos, por mencionar algunas situaciones. En este sentido el docente deberá asumir la responsabilidad de desarrollar las estrategias didácticas necesarias para lograr desarrollar en los alumnos un mayor interés hacia el aprendizaje de los contenidos científicos.

En el presente libro se proponen una serie de metodologías adecuadas a la didáctica de las Ciencias Naturales tanto de enseñanza, aprendizaje y como de evaluación. Tiene el propósito de ser un instrumento que les facilite y ayude a los estudiantes y docentes a ejercer su trabajo, y de esta manera contribuir a desarrollar el interés por la ciencia.

PROLOGO

La UNESCO con respecto a la educación mencionó en 1998 que es un *Derecho humano*, el cual debe ser garantizado en los niveles básicos tanto primarios como secundarios. Nos hablan que la educación contemporánea presenta un modelo educativo diferente, novedoso, creativo y totalmente distinto a la educación de índole tradicional, siendo la tendencia de este tipo de educación que el profesor es una facilitador o guía del aprendizaje y por lo tanto el papel del alumno cambia y ahora se vuelve promotor de su propio aprendizaje. Es decir, sucedía que en la educación tradicional, el proceso de enseñanza y aprendizaje, al actor principal del proceso educativo se centraba en el docente y no en el alumno, el cual era receptor de los contenidos académicos y el docente solamente un transmisor de los mismos. Con el paso del tiempo y los muchos cambios del hombre y su entorno, exigió una transformación. Este cambio no fue solo en lo material también provoco una modificación notable en nuestro modo de vida. La educación de hoy en día es totalmente distinta a dos décadas atrás. Los distintos momentos históricos por los cuales ha pasado la educación en nuestro país, ha sido detonantes de un sinfín de cambios. Por lo que se requiere un cambio y transformación desde en la educación que garantice la excelencia.

Siendo los docentes parte importante de esos cambios, podemos desde el aula y desde nuestra practica transformar los mecanismos de enseñanza y aprendizaje, dejar atrás la pura transmisión de contenidos teóricos, para dar lugar a la ejecución de prácticas con contenidos significativos en los alumnos.

En el orden mundial se dicta que es necesario propiciar el aprendizaje permanente y la construcción de las competencias adecuadas para contribuir al desarrollo cultural, social y económico de la sociedad. Pretendiéndose que los principales objetivos a alcanzar, mediante una educación contemporánea:

- Una generación con nuevos conocimientos (las funciones de la investigación).

- El entrenamiento de personas altamente calificadas (la función de la educación).
- Proporcionar servicios a la sociedad, (Conferencia Mundial sobre la Educación Superior)

Podemos decir que en todo el mundo cada vez son más altos los niveles educativos requeridos a hombres y mujeres para participar en la sociedad y resolver problemas de carácter práctico. En este contexto planteado es necesaria una educación que contribuya al desarrollo de habilidades que mejoren la vida además de la convivencia, con las adecuaciones y adaptaciones a diferentes circunstancias y ambientes.

Algunos teóricos afirman que "*la revolución pedagógica del presente siglo, podemos afirmar que el saber cambia el mundo, y nuestro mundo está cambiando con la prontitud de los saberes nuevos, atinamos a decir que nuestra época es distinta: hablamos de "posmodernidad"* en la cultura.

La enseñanza de calidad permitirá en nuestros jóvenes "aprender a ser, a hacer, a vivir y a convivir".

INTRODUCCIÓN

La enseñanza de las Ciencias Naturales presenta varios aspectos importantes tales como la ampliación y profundización de los conocimientos previos con los que cuenta el alumno sobre los mecanismos que rigen la vida, el entorno y el cuidado del mismo; así como también la explicación de los fenómenos naturales y sus repercusiones socioeconómicas y ecológicas a través del conocimiento y el análisis de la estructura de la materia y la energía, pretendiendo además fomentar los valores de las ampliaciones éticas y ambientales. Por lo tanto, para su didáctica los docentes debemos considerar las orientaciones metodológicas del aprendizaje significativo, y el diseño de las estrategias que permitan al estudiante tener un papel activo, reflexivo, crítico y sobre todo propositivo, en su aprendizaje y que de esta manera el alumno sea capaz de edificar su propio conocimiento y no se estanque únicamente en la transmisión de conocimientos de manera unilateral docente-alumno.

Otro punto importante que debemos considerar es que también la Enseñanza y Aprendizaje de las Ciencias Naturales presentan algunos obstáculos, siendo uno de los más importantes que la mayoría de los jóvenes no se siente atraído por las contenidos escolares de naturaleza científica. Si bien, esta es una situación que se debe a diversos factores, es importante asumir que en gran parte el problema está en la manera como se enseñan dichos contenidos. Por lo que el profesor deberá asumir la responsabilidad de desarrollar las estrategias didácticas necesarias para lograr desarrollar en los alumnos un mayor interés hacia el aprendizaje de los contenidos científicos. Tomando en cuenta que las carreras afines a las Ciencias Naturales poseen un gran desarrollo en la actualidad; muchos de sus principios y aplicaciones han trascendido el ámbito puramente científico, y se han convertido en temas de interés público y debido a la trascendencia social que tienen los temas químico-biológicos, es necesario que todos los alumnos posean un bagaje de conocimientos fundamentales y básicos de esta disciplina.

Desafortunadamente, por desconocimiento de algunos profesores o titulares de grupo, se aborda el estudio como una acción realizada por los estudiantes, que implica memorizar grandes bloques de información para así obtener una calificación aprobatoria y de ésta manera lograr un objetivo a corto plazo que puede ser aprobar el curso. La realidad es que el estudio es todo un proceso que implica técnicas para realizar este proceso satisfactoriamente y lograr así la retención de la mayor cantidad posible de la información y reteniéndolo en la memoria por un largo período de tiempo.

Situaciones tales como que la mayoría de los estudiantes se dedican a realizar largas sesiones de estudio inmediatamente previo a las evaluaciones, lo que genera problemas a la hora de responder la evaluación, ya que no están seguros de lo que estudiaron, además de no comprender en el caso de la ciencias exactas la aplicación de determinadas fórmulas, ecuaciones y otros procedimientos, debido al poco tiempo que se le dio al cerebro para fijar la información estudiada y que no hubo tiempo para la comprensión de los contenidos. Siendo consecuencia de lo anterior que los actores del proceso de enseñanza y aprendizaje es decir los docentes y los estudiantes comúnmente se encuentran con resultados de un bajo rendimiento académico, además de que no cumplir con ciertas tareas, y actividades durante el proceso formativo, que impactan directamente en los resultados de aprovechamiento. Lo anterior trae consecuencias en varios aspectos, entre los que sobresalen; los altos índices de reprobación, deserción por acumulación de materias no aprobadas, así como también tiene efectos en el ámbito administrativo, por ejemplo el no cumplir con las metas estipuladas en cada plantel.

Además de lo anterior planteado, se hace énfasis en la necesidad constante de actualización docente esto implica que las personas que nos dedicamos a la educación busquemos la consolidación del sistema formativo en el proceso de Enseñanza y Aprendizaje, procurando incorporar nuevos mecanismos y aprovechando las innovaciones en materia educativa que se generan continuamente.

No podemos dejar de lado otro aspecto muy importante: los hábitos y técnicas de estudio las cuales se traducen en el éxito en el rendimiento académico, por lo que en casa los padres juegan una gran responsabilidad, al ser proveedores de estímulos, ambiente y materiales necesarios para que el estudio sea una actividad exitosa.

Con todo lo anterior y partiendo de estas necesidades se debe reflexionar sobre la importancia que tiene el enseñar a los alumnos una serie de estrategias que le permitan una autonomía progresiva en la adquisición de nuevos aprendizajes. Diseñando e introduciendo de manera paulatinamente nuevas metodologías que conduzcan al alumno a un aprendizaje autónomo, colaborativo y significativo.

CAPITULO UNO

Fundamentos de la Enseñanza de las Ciencias Naturales

En el caso de las Ciencias Naturales, podemos referirnos a ellas como las ciencias que tienen por objeto el estudio de la naturaleza. Estudian los aspectos físicos, y no los aspectos humanos del mundo. Se distinguen de las ciencias sociales, por un lado, y de las artes y humanidades por otro. Se apoyan en las ciencias formales, para establecer el razonamiento lógico y así explicar los fenómenos que ocurren en la naturaleza y los seres vivos.

El estudio de la Ciencias Naturales se da en un primer momento, cuando el ser humano se puso en contacto con la naturaleza, y tuvo interés por conocer los distintos animales y plantas que lo rodeaban, testigo de esto son las pinturas rupestres de animales plasmadas en las paredes de cavernas. El hombre llego a conocer animales y plantas que le daban cierta utilidad de los que le causaban daño, haciendo uso adecuado de plantas medicinales, comestibles y desechar las venenosas.

El ser humano aprendió a conocer las costumbres de los animales que cazaba para obtener de ellos los productos que requería para subsistir. Así como también aprendió a conocer los ciclos estacionales de la naturaleza para los cultivos, y las condiciones meteorológicas.

Todos estos conocimientos eran de tipo empírico, basados solo en la observación y la experiencia. El conocimiento sobre la naturaleza inició con la inquietud de los primeros grupos humanos por conocer su medio natural y obtener lo necesario para subsistir.

La enseñanza de las Ciencias Naturales, posee una gran variedad de propuestas y enfoques, lo cual da lugar a que se pueda ver desde diferentes enfoques también. Es muy variable y son muchos las situaciones que llevan a que un alumno pueda o no aprender ciencias.

Hablar de la didáctica es hacer referencia a la acción que el docente ejerce sobre la dirección del aprendizaje del educando para que llegue a alcanzar los objetivos de la educación, Imideo (1990)

El mismo autor considera que las siguientes son normas didácticas que juegan un papel muy importante en el proceso de aprendizaje:

- Relación de confianza entre docente y el alumno.
- Adecuado perfil docente y las disciplinas que imparte.
- Superación de las vivencias y dificultades.
- Fomento a la participación actividades libres y creativas.
- Involucramiento de trabajo de grupo.
- Enseñanza integrada.
- Progresividad, planeación y adecuación.
- Dedicación, entusiasmo y optimismo.

Consideremos que el conocimiento no es el resultado de una mera copia de la realidad, sino es un proceso activo e interactivo, a través del cual la información externa es procesada por la mente en donde se lleva a cabo un proceso de interpretación, el cual va construyendo de manera progresiva con modelos explicativos que son complejos.

En este punto de vista constructivista, el punto de vista de los estudiantes, pasa a ser fundamental para el aprendizaje; cada estudiante percibe el conocimiento científico en función de su experiencia personal y se hace evidente la importancia de conocer la estructura cognitiva del estudiante para conducirlo a que construya lo que no sabe y refuerce lo que ya sabe.

Es evidente la importancia de conocer la estructura cognitiva del estudiante para conducirlo a que construya los aprendizajes significativos aceptados por la comunidad científica, Flores (1996).

El perfeccionamiento del proceso de enseñanza de las Ciencias Naturales es mucho más dinámico que otros y la motivación es un punto importante en lo que se refiere al aprendizaje de la misma, la solidez de los contenidos y la aplicación correcta de los mismos, también favorecen al proceso de enseñanza aprendizaje Bello (2000).

En muchas ocasiones los alumnos no tienen una motivación hacia la carrera que elegirán y no ven el vínculo o la necesidad carreras relacionadas con las ciencias. Por lo que el papel del profesor debe ser más activo que en otras asignaturas. Dentro de la motivación que se debe manejar, está en llevar al alumno a interesarse hacia el aprendizaje de nuevos conocimientos.

Cuando el estudiante percibe que el contenido que se le explica está vinculado con su contexto o al menos lo relaciona con aspectos reales, la motivación crece de forma significativa, trayendo como consecuencia que el rendimiento docente sea mayor y que el estudiante posea mayor predisposición para el aprendizaje.

La solidez se define como la capacidad que posee el alumno de reproducir de forma diferida –pasado algún tiempo- aquellos conceptos, leyes y teorías que le son explicadas. La vinculación con aspectos concretos y reales que conviven con el alumno le permiten una mejor retención. El alumno recuerda y retiene más aquellas experiencias directas que pueden ser su experiencia personal u organizada en el proceso de enseñanza aprendizaje.

La aplicación es la capacidad que posee el estudiante de aplicar los conocimientos y habilidades que presenta para la resolución de problemas o explicación de hechos. La introducción de preguntas vinculadas con la vida hace que el alumno sea más analítico sobre las respuestas que corresponden y se mantenga con la mente abierta para este tipo de situaciones.

Fundamentos filosóficos en la Enseñanza de las Ciencias Naturales.

El Positivismo es una corriente filosófica que reconoce que el único conocimiento auténtico es el conocimiento científico. Surge en Francia a inicios del siglo XIX por Auguste Comte y se desarrolla en el resto de Europa. Según el positivismo todas las actividades filosóficas y científicas deben efectuarse en el marco del análisis de los hechos reales verificados por la experiencia, por la necesidad de legitimar el estudio científico naturalista del ser humano.

El objetivo del conocimiento para el positivismo es explicar los fenómenos por medio de leyes generales y universales, la forma que tiene de conocer es inductiva, despreciando la creación de teorías a partir de principios que no han sido percibidos objetivamente. Comte formuló la idea de la sociología como ciencia de la sociedad, libre de todas las relaciones con la filosofía y basada en datos de igual medida que las ciencias naturales.

Características del positivismo.

	POSITIVISMO
Autores	Galileo, Locke, Hume, Newton, Lavoisier, Saint Simon y Comte. S. XVII y XIX
Concepción del conocimiento	• No existe el conocimiento que provenga de la percepción. • Da importancia al refinamiento y la obtención de datos, insiste en la cuantificación. • Llega a nulificar la teorización, porque el conocimiento parte de la percepción. • Actualmente esto es a la inversa, elaboran teorías para luego comprobarlo experimentalmente.
Relación entre conocimiento y acción	• Relación distante entre ciencia y acción. • Predomina el conocimiento sobre la acción. • La ciencia es neutra: puede ser usada con diferentes fines. • En las ciencias de hombre el conocimiento modifica la acción social.

Fundamentos Sociológicos en la Enseñanza de las Ciencias Naturales.

El Racionalismo crítico es el sistema filosófico propuesto por Karl Popper, dice que la ciencia es racional y que por lo tanto nuestras creencias se someten a la crítica y pueden llegar a ser reemplazadas. Constituye una postura intermedia entre el positivismo y la hermenéutica clásica, hace énfasis en lo cual cuantitativo, y subraya la importancia de las técnicas para obtener datos. Describe una relación entre las Ciencias Naturales y las sociales. La corriente del racionalismo crítico pretende un equilibrio entre el conocimiento y la acción, y critica a la dialéctica por su "alto grado de confusión en cuanto a la teoría para la acción". La ciencia tiene criterios propios diferentes e independientes de las condicionantes ambientales. Acepta el valor del conocimiento empírico en la construcción del conocimiento científico.

Señala que el conocimiento es objetivo y subjetivo a la vez, porque corresponde a la realidad; y porque está impregnado de elementos pensantes del acto cognoscitivo. Busca el predominio de lo objetivo a través de explicaciones congruentes, predicciones y control de los fenómenos naturales.

Características del racionalismo.

	RACIONALISMO CRITICO
Concepción del conocimiento	• Es una interpretación de experiencias, se logra un equilibrio entre lo cualitativo y lo cuantitativo, técnicas de obtención de datos, relación entre ciencias del hombre y de la naturaleza. • No se puede llegar a la verdad y certeza, pero se puede avanzar hacia ellas.
Relación entre conocimiento y acción	• Relación equilibrada entre conocimiento y acción. • Se opone a la dialéctica. • Técnicas de obtención de datos, más cuantitativa que cualitativa. • Ciencia condicionada por factores externos a ella. • El conocimiento se basa en cuatro puntos: percepción, comprensión, juicio y decisión

Fundamentación Psicológica en la Enseñanza de las Ciencias Naturales.

La enseñanza de estrategias de aprendizaje posibilita al alumno al uso y combinación de tácticas o procedimientos para buscar, almacenar y utilizar conocimientos de modo efectivo. Esto lo va guiando a su independencia, para que enfrente con éxito su tarea educativa. Ausubel considera que un profesor debe estar interesado en promover en sus alumnos aprendizajes significativos en los contenidos escolares, mediante la enseñanza de estrategias.

Las estrategias cognitivas son planes de acción que el sujeto realiza utilizándolas para optimizar el procesamiento de la información. Si un alumno construye la realidad, le retribuye significados y esto le implica una intensa actividad cognitiva interna. Las acciones se pueden dirigir por el maestro o incluso por el alumno, produciendo un aprendizaje intencional a través de estrategias de aprendizaje.

El aprendizaje significativo, Ausubel (1995) se da cuando los contenidos a trabajar por el alumno son relacionados de modo sustancial y no arbitrario con lo que ya sabe. Por relación sustancial y no arbitraria se entiende que las ideas se relacionan con algún aspecto conocido y relevante de la estructura cognoscitiva del alumno, como puede ser una imagen, un símbolo, un concepto o una proposición y éste se puede dar por descubrimiento o recepción. Ambos son importantes dentro de la significación.

El alumno debe estar dispuesto a relacionar de manera sustancial y no arbitraria los conocimientos nuevos logrando de esta manera la significación en el aprendizaje. Si no hay actitud, intención o disposición por parte del alumno para aprender de manera sustancial, siendo su intención la de memorizar de manera arbitraria, el aprendizaje pasará a ser mecánico y no significativo.

Esto suele suceder de manera frecuente dentro del aula y puede ser evitado si el material y contenido de la asignatura que se imparte es adecuado, tomando en cuenta la edad del alumno y sea coherente y lógico para él. El docente debe comprender que los alumnos son diferentes y por lo tanto la capacidad cognitiva de cada uno de ellos, por lo que el material debe ser revisado detenidamente y comprensible para todos.

El Constructivismo

De acuerdo a definición de Carretero, propuesta en las Estrategias docentes para un aprendizaje significativo Díaz Barriga (1998), se puede definir como: "Básicamente puede decirse que es la idea que mantiene que el individuo - tanto en aspectos cognitivos y sociales del comportamiento como en los afectivos- no es un mero producto del ambiente, ni un simple resultado de sus disposiciones internas, sino una construcción propia que se va produciendo día a día como resultado de la interacción entre esos dos factores. En consecuencia, según la posición constructivista, el conocimiento no es una copia fiel de la realidad, sino una construcción del ser humano. ¿Con qué instrumentos realiza la persona dicha construcción? Fundamentalmente con los esquemas que ya posee, es decir, con lo que ya construyó en su relación con el medio que lo rodea"

Este proceso dependerá de dos aspectos fundamentales:

a) De los conocimientos previos
b) De la actividad que de manera interna o externa realice el aprendiz al respecto.

Concepciones básicas

La concepción constructivista se organiza en torno a tres ideas fundamentales:

- El estudiante es el actor y principal artífice de su aprendizaje: reconstruye, es activo, manipula, explora, descubre o inventa, cuando lee y escucha.

- La actividad mental constructiva del estudiante se aplica a contenidos que poseen ya un grado considerable de elaboración: No tiene en todo momento que descubrir o inventar.
- La función del docente es engarzar los procesos de construcción del alumno con el saber colectivo culturalmente organizado: El docente a más de crear condiciones orienta y guía explícita y deliberadamente la actividad.

Es importante mencionar que la motivación tanto intrínseca como extrínseca es muy importante dentro de la investigación a realizar, por ello es importante tomar en cuenta los siguientes aspectos:

- Ayudar a la motivación del alumno para el estudio de la asignatura de Química.
- Motivarlo a que le encuentre el "gusto" a la materia.
- Favorecer un mayor protagonismo y responsabilidad por parte del alumno en el proceso de aprendizaje.
- Ayudar a que los alumnos perciban las conexiones existentes entre la enseñanza académica y su entorno (histórico, social, cultural).
- Fomentar la creatividad.
- Motivar hacia la construcción del conocimiento.
- Incitar al estudio de la asignatura.

CAPITULO DOS

Otros Estudios Relacionados Con Las Ciencias Naturales

La enseñanza de las Ciencias Naturales, así como la didáctica y el proceso de enseñanza y aprendizaje han sido estudiados en diversos trabajos a lo largo del tiempo, otorgando diferentes enfoques y persiguiendo diferentes objetivos.

A continuación se enlistan una serie de trabajos e investigaciones realizados en diferentes ámbitos educativos.

TITULO DE LA INVESTIGACIÓN	AUTOR (ES)	DESCRIPCIÓN
DIDÁCTICA Y MODELOS DE ENSEÑANZA Y APRENDIZAJE DE LAS CIENCIAS NATURALES	Autoras: Liliana Liguori - María Irene Noste. Serie didácticas Homo Sapiens Ediciones Año 2005	Su objetivo es concebir un currículo que responda a las características socioculturales, lingüísticas, geográficas y climáticas de las zonas rurales.

DIDÁCTICA DE LAS CIENCIAS NATURALES	Irene Noste y Liliana Liguori, Serie didácticas Homo Sapiens Ediciones Año 2005	Tiene por objetivo elaborar una propuesta didáctica que sirva a los docentes en ejercicio para su actualización profesional, que sea de utilidad para la formación de nuevos docentes.
LA ENSEÑANZA DE LAS CIENCIAS NATURALES	Norma E. Pacheco y María C. Moretti. Serie didácticas Homo Sapiens Ediciones Año 2005	Se muestran los resultados de una experiencia que pusimos en marcha a través de la capacitación en servicio, destinada a más de 400 docentes en ejercicio del nivel inicial de Mendoza, Argentina.
DIDÁCTICA DE LAS CIENCIAS NATURALES.	Manuela Caballero Armenta, Socorro Calvo Bruzos, Elena Goded Rambaud, María P. González González, Engracia Olivares Jiménez, Aurelio Santisteban Cimarro, María del Pilar Serrano Molina. Editorial UNED. Serie Educación Permanente, 1994. ISBN: 84-362-3132-5	El alumno como sujeto de aprendizaje presenta los condicionamientos cognitivos y no cognitivos que inciden en el proceso de enseñanza-aprendizaje.
DIDÁCTICA DE LAS CIENCIAS NATURALES II. MÓDULO 3. APLICACIÓN PRÁCTICA DE LOS TEMAS TRANSVERSALES	Aurelio Santisteban Cimarro. UNED, material policopiado. Programa de Formación del Profesorado.	Se plantean los enfoques metodológicos más idóneos para introducir los temas transversales en el trabajo de aula, en particular en la clase de Biología y Geología.

DIDÁCTICA DE LAS CIENCIAS NATURALES II. MÓDULO 5. EL USO DE LAS NUEVAS TECNOLOGÍAS EN LAS CIENCIAS DE LA NATURALEZA	Pilar Serrano Molina. UNED, material policopiado. Programa de Formación del Profesorado.	Se refiere sobre la incorporación de las nuevas tecnologías a la educación es un factor que acerca la escuela a los lenguajes propios del medio extraescolar.
SEMINARIO PERMANENTE. DIDÁCTICA DE LAS CIENCIAS NATURALES. CURSO 1990-1991.	Miembros del Seminario y alumnos participantes. UNED, material policopiado, 1991.	En esta publicación se recogen una serie de investigaciones y experiencias didácticas llevadas a cabo tanto por los miembros del Seminario como por alumnos del Curso de Didáctica de las Ciencias Naturales.
ELEMENTOS DIDÁCTICOS PARA EL APRENDIZAJE DE LAS CIENCIAS DE LA NATURALEZA.	B. Marco, T. Serrano, R. Gutiérrez, C. Usabiaga y E. Olivares. Instituto de Ciencias de la Educación. Universidad de Zaragoza, 1987. ISBN: 84-600-4802-0.	A partir de un enfoque socio-didáctico de las Ciencias se ha elaborado este libro integrando algunos elementos que pueden significar un giro en el currículo, a la vez que se incluyen otros considerados como esenciales al mismo.
ENSEÑANZA DE LAS CIENCIAS EN LA EDUCACIÓN INTERMEDIA.	Rufina Gutiérrez, Berta Marco, Engracia Olivares, Teresa Serrano. Editorial Rialpa, 1990. ISBN: 84-321-2602-0	.La formación científica: entre la diseminación de los saberes y las visiones culturales .Bases psicológicas del diseño curricular en el área de Ciencias .Diseño de la acción educativa: estrategias de enseñanza y educación .La evaluación en Ciencias Experimentales

UNA PROPUESTA PARA SECUENCIAR CONTENIDOS EN CIENCIAS NATURALES DESDE UNA PERSPECTIVA LAKATOSIANA	María Cecilia Rabino, María Basilisa García, Lucrecia Moro, Vivian Minnaard Grupo Ciencia y Educación, Universidad FASTA, Mar del Plata, Argentina	Trata sobre la enseñanza de las Ciencias Naturales que ha despertado –y continúa despertando– opiniones críticas respecto tanto de sus contenidos como de la metodología utilizada por los docentes para transmitir dichos contenidos.
LA ENSEÑANZA DE LAS CIENCIAS HOY.	Sección de María Dibarboure en el libro "Qué enseñar y Cómo enseñar" (Aula, Montevideo, 2003.	Describe ¿cómo ha incidido el constructivismo en la enseñanza de las ciencias a nivel escolar en estos años?
DIDACTICA DE LAS CIENCIAS NATURALES-APORTES Y REFLEXIONES.	WEISSMANN, HILDA(COMPILADORA)	Relata las experiencias y reflexiones de profesionales provenientes de diferentes campos disciplinares.

Como se puede observar, la enseñanza y didáctica de las Ciencias Naturales, ha sido objeto de estudio desde diferentes perspectivas y entornos, con la mayoría de estos estudios, los docentes que nos dedicamos a la enseñanza de las Ciencias Naturales tenemos una visión más amplia de las variadas aportaciones y propuestas al estudio de estas.

CAPITULO TRES

Métodos, Teorías y Técnicas de Aprendizaje

El proceso educativo del S. XXI, considera importante retomar los siguientes aspectos:

EL ENTORNO. ESTE HECHO DE TRASCENDENCIA INCONMENSURABLE TRASPASÓ LA ERA DE LA REVOLUCIÓN INDUSTRIAL PARA COLOCARNOS EN LA ERA DE LAS TELECOMUNICACIONES MUCHO MÁS ALLÁ DE LA REVOLUCIÓN DE LA INFORMACIÓN.	NUEVAS TECNOLOGÍAS. INSTRUMENTOS O MEDIOS PARA MEJORAR LOS PROCESOS DE ENSEÑANZA APRENDIZAJE.	FUNDAMENTACIÓN TEÓRICA. TOMA COMO BASE LA EDUCACIÓN PARA LA COMPRENSIÓN, INTELIGENCIAS MÚLTIPLES, INTELIGENCIA EMOCIONAL NOS SIRVEN DE FUNDAMENTO PARA LA GENERACIÓN DE UN NUEVO PARADIGMA EDUCATIVO HACIA EL SIGLO XXI.
TEORÍA DE LAS INTELIGENCIAS MÚLTIPLES, QUE SUGIEREN QUE LOS INDIVIDUOS PERCIBEN EL MUNDO EN POR LO MENOS OCHO FORMAS DIFERENTES E IGUALMENTE IMPORTANTES—LINGÜÍSTICA, LÓGICO-MATEMÁTICA, MUSICAL, ESPACIAL, CORPORAL-KINESTETICO, NATURALISTA, IMPERSONAL, E INTRAPERSONAL.	TEORÍA DEL CONSTRUCTIVISMO Y EL DISEÑO DE ENTORNOS DE APRENDIZAJE CONSTRUCTIVISTA HAN SUSCITADO CONSIDERABLE INTERÉS. DESDE UN PUNTO DE VISTA CONSTRUCTIVISTA, LOS DATOS QUE PERCIBIMOS CON NUESTROS SENTIDOS Y LOS ESQUEMAS COGNITIVOS QUE UTILIZAMOS PARA EXPLORAR ESOS DATOS EXISTEN EN NUESTRA MENTE.	MODELO DE LA "ESCUELA INTELIGENTE", UN CONJUNTO DE DIRECTRICES PARA UNA BUENA EDUCACIÓN BASADO EN DOS PAUTAS: (1) EL APRENDIZAJE ES LA CONSECUENCIA DE PENSAR (2) EL APRENDIZAJE DEBE INCLUIR UNA COMPRENSIÓN PROFUNDA, QUE INVOLUCRE EL USO FLEXIBLE, Y ACTIVO DEL CONOCIMIENTO.
MÉTODOS DE EVALUACIÓN INNOVADORES. EVALÚAN LAS DIFERENTES FORMAS EN QUE EL APRENDIZ PIENSA, INCLUYEN PROYECTOS, PORTAFOLIOS. CONSIDERAN LAS HABILIDADES QUE LOS ESTUDIANTES TIENEN PARA USAR LA INFORMACIÓN EN FORMA FLEXIBLE Y APROPIADA EN SITUACIONES DE LA VIDA REAL.	MODELO OPERATIVO. REFIERE SOBRE LAS TENDENCIAS EDUCATIVAS PARA VISLUMBRAR LO QUE EN EL SIGLO XXI PUEDE SER EL USO DE TECNOLOGÍA EN BENEFICIO DE LA FORMACIÓN INTEGRAL DE LOS SERES HUMANOS.	EDUCACIÓN VIRTUAL. UNA DE LAS PRINCIPALES CONTRIBUCIONES DE LAS TECNOLOGÍAS DE LA INFORMACIÓN Y LA COMUNICACIÓN (TIC), SOBRE TODO DE LAS REDES TELEMÁTICAS, AL CAMPO EDUCATIVO ES QUE ABREN UN ABANICO DE POSIBILIDADES EN MODALIDADES FORMATIVAS.

Por lo tanto, además de lo anterior, la educación deberá reconsiderar los objetivos, planes y metas. Es relevante buscar la formación integral del ser humano, desde los ámbitos de necesidades, habilidades y potencialidades.

Es importante distinguir entre los métodos y las técnicas, estas últimas se entienden como la manera en cómo se conduce el pensamiento y las acciones para alcanzar un objetivo determinado. Es decir, son la organización del pensamiento y las acciones para obtener una mayor eficiencia en lo que se desee realizar.

Por su parte la Metodología de la Enseñanza es un conjunto de procedimientos didácticos, implicados en los métodos y técnicas de enseñanza que tienen por objetivo la acción didáctica y la consecución de los objetivos. Es importante señalar que la Metodología de la Enseñanza debe conducir la autoeducación y la autonomía y sobre todo propiciar asimilar el conocimiento.

Por su parte, hablar de las Teorías del Aprendizaje es mencionar que estas contribuyen al conocimiento y proporcionan fundamentos explicativos desde diferentes enfoques y en distintos aspectos predicen como aprende el ser humano. Existen cuatro teorías principales del aprendizaje en las cuales se diferencias los tipos de aprendizaje. En la siguiente tabla se muestran las principales características de cada teoría.

Conductismo.	Lo relevante en el aprendizaje es el cambio en la conducta observable de un sujeto, cómo éste actúa ante una situación particular. En la relación de aprendizaje sujeto – objeto, centran la atención en la experiencia como objeto, y en instancias puramente psicológicas como la percepción, la asociación y el hábito como generadoras de respuestas del sujeto.
Cognoscitivismo.	Trata del aprendizaje que posee el individuo o ser humano a través del tiempo mediante la práctica, o interacción con los demás seres de su misma u otra especie.
Humanismo	Pretende la consideración global de la persona y la acentuación en sus aspectos existenciales, criticando a una psicología que, hasta entonces, se había inscrito exclusivamente como una ciencia natural, intentando reducir al ser humano a variables cuantificables, o que, en el caso del psicoanálisis, se había centrado en los aspectos negatives.
Constructivismo	Expone que el ambiente de aprendizaje más óptimo es aquel donde existe una interacción dinámica entre los instructores, los alumnos y las actividades que proveen oportunidades para los alumnos de crear su propia verdad, gracias a la interacción con lo otros.

En el caso de las Teorías de la Enseñanza, son los procedimientos o recursos utilizados por el profesor, para promover el aprendizaje significativo en el alumno. Para el maestro son la guía de las acciones que hay que seguir para desarrollar las habilidades de aprendizaje en los estudiantes. En la siguiente figura, se muestran las principales teorías de la enseñanza.

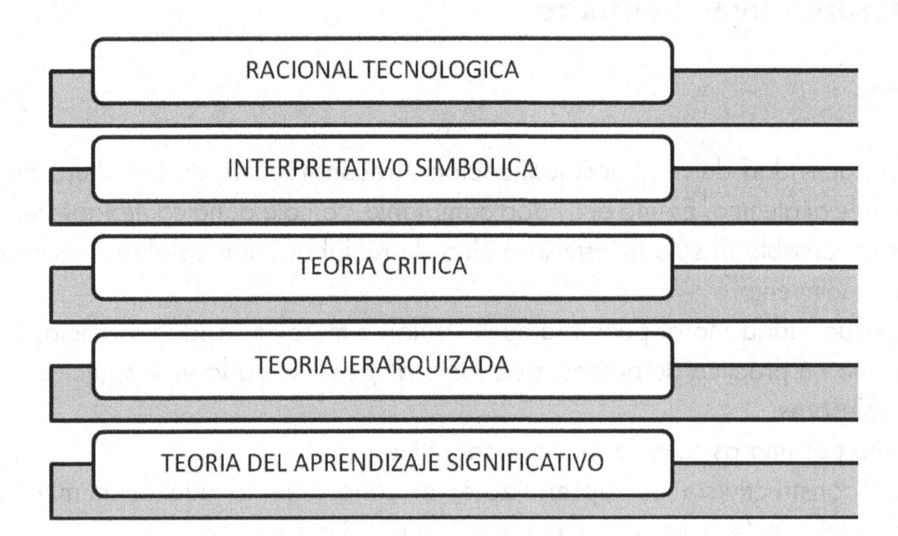

Teoría Racional - Tecnológica.

Características.

- Basada en la psicología conductista, preocupada por la predicción y el control, la concepción mosaical del aprendizaje: lo complejo se aprende "juntando" partes más simples y pequeñas, cuanto más pequeñas mejor.
- Si se conocen las partes se llega a conocer el "todo". Es una concepción lineal y automatizadora del proceso de adquisición del saber. Visión exógena (se produce desde fuera -estímulos-, hacia adentro).
- En el fondo, como sustento epistemológico, está el positivismo y los planteamientos que hacen de la enseñanza la racionalidad tecnológica.
- Sus secuelas son la reducción de la verdad a lo medible, lo cuantificable, la eficacia, la productividad y el economismo.
- Pierde de vista la dimensión histórica, social y cultural de currículo, para convertirla en un objeto gestionable.
- La ciencia y la cultura están parceladas en campos especializados (asignaturas) y parceladamente se transmite.

- El currículo es un proceso técnico para conseguir en el alumno unos resultados preestablecidos. Es una serie estructurada de resultados pretendidos de aprendizaje.

Teoría Interpretativo- Simbólica

Características.

- Es una actividad de re conceptualización y reconstrucción de la cultura para hacerla accesible al alumno. Es una actividad cambiante, compleja, no controlable técnicamente, no fragmentable ni sólo transmisora sino de reelaboración colaborativa y compartida del conocimiento.
- Es una actividad moral pues promueve valores morales, e ideales sociales, mediante la puesta en práctica de procesos de mejora, y está basada en los juicios prácticos de los profesores.
- Se opta por una psicología de base cognitiva.
- Visión constructivista del aprendizaje: el conocimiento que el alumno tiene, está organizado en "esquemas" o conjuntos significativos para él.
- No importa sólo el resultado del aprendizaje, sino cómo (el proceso) se adquiere el conocimiento.
- Visión endógena del desarrollo: se realiza de dentro a fuera, en intercambio con las experiencias que el medio ambiente proporciona, mediante el descubrimiento y la implicación activa y reflexiva del sujeto.
- Se juega con diversas variantes de la psicología cognitiva bastante eclécticamente (Piaget, Bruner, Ausubel)

Teoría Crítica.

Características.

- Es una actividad crítica, encaminada al análisis de la realidad del aula, del centro o de la sociedad para la emancipación personal y colectiva.
- Es una actividad moral y política. Una práctica social mediatizada por la realidad sociocultural e histórica en la que se realiza.

- La enseñanza es una construcción (coinciden con los interpretativos) pero mediatizada por la ideología, la interacción social, histórica, etc.... Es una actividad no sólo de describir el mundo, sino de cambiarlo. Es una praxis emancipadora.
- Son menos importantes que los fundamentos sociopolíticos, pues es una corriente enraizada en la sociología crítica fundamentalmente.
- El aprendizaje es construcción del conocimiento mediante la interacción social. Es un conocimiento compartido.
- El currículo debe fomentar la crítica ideológica, esto es, descubrir y explicitar las estructuras sociales, políticas e ideológicas en los que se realiza.
- Debe ser una opción basada en la interacción comunicativa entre los agentes curriculares (Administración, padres, profesores, alumnos), negociación.

Teoría jerarquizada.

Para Gagné el proceso de la información está jerarquizado de la siguiente manera:

- Memoria
- Enfoque
- Condiciones
- Procesos
- Resultados del aprendizaje.

Utiliza las siguientes fases del aprendizaje:

- Motivación
- Comprensión
- Adquisición
- Retención
- Evocación
- Generalización
- Desempeño
- retroalimentación.

Para Gagné el maestro deberá ser un buen presentador y el estudiante debe de ser activo. El mismo autor define 8 tipos de Aprendizaje, entre los que destacan:

1. Estimulo- Respuesta
2. Encadenamiento motor
3. Asociación verbal
4. Discriminaciones múltiples
5. De conceptos
6. De principios
7. De resolución de problemas.

Teoría del aprendizaje significativo.

Jean Piaget 1896-1980. Psicólogo suizo

A partir de 1919 inició su trabajo en Instituciones Psicológicas en Zurich y París, donde desarrolló su teoría sobre la naturaleza del conocimiento.

Teoría psicogenética, Ausubel elaboró una teoría de la inteligencia sensoriomotriz. El desarrollo espontáneo de una inteligencia práctica, se basa en la acción, que se forma a partir de los conceptos incipientes que tiene el niño de los objetos permanentes del espacio, del tiempo y de la causa.

El niño desarrolla su inteligencia a partir de las acciones sensoriales y motrices en interacción con el medio.

Ayuda en la formación de la personalidad y de la inserción afectiva e intelectual en la sociedad.

Se aprende a través de las acciones sensoriales y motrices de la persona, en interacción e interrelación con el medio, especialmente con el medio sociocultural.

Se deben utilizar objetos para efectuar una actividad que preexiste en su repertorio motor o para decodificar un nuevo evento basándose en experiencias y elementos que ya le eran conocidos.

Entre las obtas más destacadas de Jean Piaget, se encuentran El lenguaje y el pensamiento en el niño (1923); La representación del mundo en el niño (1926); El nacimiento de la inteligencia en el niño (1936); La psicología de la inteligencia (1947); Tratado de lógica (1949); Introducción a la epistemología genética (1950); Seis estudios de psicología (1964); Memoria e inteligencia (1968), y El desarrollo del pensamiento (1975).

Según Imideo (1990), los Métodos de Enseñanza se clasifican en tres:

I. El primero de ellos se denomina de enseñanza individualizada. Consisten en dirigirse individualmente, tomando en cuenta consideraciones personales, individuales, de aptitud y de motivación. Ejemplos de este tipo de enseñanza son.

Plan Dalton, Técnica Winnetka, Enseñanza por unidades didácticas.

II. Así mismo se encuentra el método de enseñanza colectiva. Es el método que trata a los educandos por igual, tratando de actuar con base al alumno medio. Los principales ejemplos son: método expositivo, lecciones señaladas, demostración, enseñanza por radio y televisión.

III. Por último tenemos la enseñanza de grupo. Estos métodos ponen énfasis en la interacción de los educandos en pequeños grupos, basando su funcionamiento en la dinámica del grupo. Los ejemplos de este método son. Discusión, debate, estudio dirigido, el panel.

Debemos mencionar también los conceptos de hábitos y las técnicas de estudio, que al igual que las técnicas, métodos, y teorías son importantes considerar en la enseñanza y aprendizaje de las Ciencias Naturales.

Los hábitos se refieren a las prácticas constantes en las mismas actividades. Erauso (2010), este autor menciona que *el hábito de estudio es un paso imprescindible para desarrollar la capacidad de aprendizaje del niño y para garantizar el éxito en las tareas escolares*. Este hábito empieza a establecerse hacia los siete u ocho años, y depende de otros hábitos (concentración, orden, atención). Un niño que ha crecido respetando límites, rutinas y hábitos (sueño, alimentación, higiene) no presentará muchas dificultades cuando afronte la tarea de adquirir el hábito de estudiar. Sin embargo, aquél que no ha conocido rutinas, límites ni orden le será muy difícil adquirir un hábito como el del estudio que exige concentración y atención.

Algunos autores refieren que el hábito de estudio se adquiere a fuerza de repetirlo, algunos autores recomiendan que no sea necesario esperar a que el niño tenga deberes o exámenes. Lo ideal sería que, desde pequeño, se acostumbre a concentrarse en una tarea durante un rato con el fin de ir entrenando esta facultad, es muy recomendable procurar que acabe toda aquella tarea que comience.

Los hábitos de estudio constan de cuatro reglas básicas, estas son:

- Hacerlo siempre en el mismo lugar.
- Tener todo el material de trabajo al alcance de la mano.
- Planificar o estimar de antemano el tiempo que se dedicará a cada tarea.
- Hacerlo siempre a la misma hora.

Respecto de las técnicas de estudio, Luietich (2002), refiere que son *modos de hacer operativa nuestra actitud frente al estudio y el aprendizaje. Estas favorecen la atención y la concentración, exigen distinguir lo principal de lo secundario, e implican no sólo lo visual y auditivo, sino también la escritura, reduciendo la dispersión o haciéndola evidente para el propio sujeto.*

Existen distintas técnicas de estudio, la experiencia de generaciones de estudiantes ha ido consolidando el prestigio y la práctica de algunos procedimientos sencillos y efectivos para favorecer el aprendizaje, entre los que podemos mencionar:

1. Subrayado
2. Notas marginales
3. Resumen
4. Síntesis
5. Esquema de contenido
6. Fichaje
7. Toma de apuntes

No debemos olvidar que todas estas técnicas suponen la comprensión de lo leído o escuchado, comprender es lo primero y fundamental, ya que se no hay comprensión de lo leído, tanto el subrayado, cuanto las notas marginales o el resumen, carecerán de valor.

Ambos aspectos coadyuvan a la eficiencia del estudio, por una parte el hábito de estudiar es necesario si se quiere progresar en el aprendizaje y resulta por demás conveniente obtener el máximo provecho a la energía que requiere la práctica consiente e intensiva del estudio por medio de unas técnicas adecuadas.

CAPITULO CUATRO

El Uso de la Tecnología Educativa en la Enseñanza de las Ciencias Naturales

El concepto de Tecnología Educativa, se refiere a la serie de recursos técnicos y tecnológicos (insumos, materiales) que sirven como apoyo a los docentes para el logro de un aprendizaje de calidad.

La aplicación de estos medios y recursos en nuestra práctica docente, nos permite identificar los medios y recursos que dan una intencionalidad al aprendizaje, además de ser innovadores en el aula. La tecnología educativa permite darle coherencia y congruencia a la incorporación de medios y recursos al proceso educativo.

El uso de la tecnología informática para la enseñanza y aprendizaje, en la actualidad es de suma importancia, respecto a esto algunos autores refieren que dependiendo de la medida en que la computadora se ha venido incorporando en la vida cotidiana, también se ha perdido el interés por saber cómo funciona, cómo se programa y en lo más importante es en qué se puede utilizar. Lo anterior es un fenómeno escolar que sucede con la nueva tecnología, y esto hace referencia cuando la computadora estaba haciendo su aparición en el mundo, la curiosidad que despertó fue uno de los motivos para que en las escuelas se enseñara programación.

Las características generales de la tecnología educativa son:

- Es parte de un proceso vinculado con la didáctica, forma parte del sistema educativo que retoma otros.
- Es viva porque se retroalimenta
- Es aglutinadora, retoma diferentes conocimientos de varias disciplinas.

- Es multidisciplinaria porque se apoya en diferentes áreas y conocimientos científicos
- Se basa en la didáctica, comunicación, psicología del aprendizaje (conductismo, cognitivismo, sociocultural) y en la teoría de sistemas y cibernética

Respecto al proceso de enseñanza y aprendizaje basado en el uso de la tecnología, se ha concluido en algunas investigaciones los siguientes puntos concentrados en la tabla que se muestra a continuación:

✚ El uso de la tecnología esta debe basarse en un régimen de clases que se enfoque en el proceso enseñanza-aprendizaje, y no en la tecnología en sí misma.
✚ Es una necesidad inaudible él aprender a usar los recursos tecnológicos disponibles con actividades que apoyen la instrucción en sí misma.
✚ Las sociedades deben acelerar los métodos y estrategias que originen el efectivo y eficiente uso y aplicación de las nuevas tecnologías, de la información y la informática.
✚ La tecnología siempre ha sido parte intrínseca de la sociedad y la educación siempre es parte integra de este proceso. El papel, el lápiz, el lapicero son ejemplos de cómo se ha implementado la "tecnología" en las aulas y la sociedad.
✚ Las nuevas tecnologías, inciden en el desarrollo de la humanidad y en el progreso de enseñanza-aprendizaje el cual conlleva al adelanto social y político.
✚ La "Era Digital" se caracteriza por el concepto y realidad que la sociedad se base y se maneja de manera integrada con el efectivo, eficiente y expedito uso de la información globalizada. Esta basa su seguridad social y económica en las denominadas nuevas tecnologías de la información, las comunicaciones y su manejo y aplicación.
✚ Se debe en un primer nivel de educación en informática, quizás sea suficiente saber sobre "software", que los procesadores de texto sirven para generar, cambiar, corregir, almacenar e imprimir textos, además de saber cuáles son los requerimientos mínimos para que la computadora tenga capacidad Multimedia o se pueda conectar a Internet.
✚ La Educación sobre Informática en las escuelas no es una tarea fácil. Además de los conocimientos básicos de "hardware", nociones de programación, conocimientos elementales sobre sistemas operativos.

Los entornos informáticos educativos.

Bernard J. (1998), describe los siguientes entornos:

Software informativo. Permite la diversificación de los materiales educativos, una gestión positiva del proceso de enseñanza y aprendizaje. Se refieren a todos los programas o recursos informáticos.

Se clasifican en:

- Tutoriales
- Practicas
- Simulación
- Bases de datos
- Constructores
- Programas herramientas
- Internet
- Uso de la web
- Uso de herramientas on line
- Recursos aplicados en línea

Educación virtual. Es también llamado e-learning es un modelo de formación a distancia que utiliza el internet como herramienta de aprendizaje, permite al estudiante llevar un curso en cualquier parte del mundo y sin horarios.

Hay dos modalidades, la primera es totalmente a distancia en donde los alumnos accedan a los diferentes contenidos a través de las plataformas virtuales, deben por lo tanto contar con una computadora e internet. Otra de las modalidades es la semi presencial en donde se combinan las clases presenciales y las actividades virtuales.

Pizarras digitales. Permite a los docentes en las clases presentar PowerPoint, navegar por internet, mostrar diversos tipos de documentos, se logra la participación de los docentes y alumnos, generando interaccionar.

Se clasifican en:

- Pizarra digital
- Pizarra digital interactiva
- Pizarra digital portátil
- Table pc
- Pizarra web

Mesas educaciones. Son módulos electrónicos que integran el software educativo, bloques interactivos y guías de apoyo para las clases. Permite el aprendizaje colaborativo y manipulación de materiales por parte del estudiante.

Equipos portátiles. Cumplen parcialmente los procesos realizados en los computadores, son fácilmente trasladables. Algunas de estas son:

- Lap top
- Tables pc
- Computadoras cuadernos
- Ipod
- Palm
- Pocket pc

Radio educativa. Es un medio que usa técnicas pedagógicas con la intención de motivar, informar la conducta de los estudiantes, aumentando la eficacia de la enseñanza a través del uso del radio en vivo.

El Internet como herramienta de enseñanza y aprendizaje.

Por otra parte, resulta importante comentar que el Internet es una herramienta muy poderosa que está a nuestro alcance. Podemos emplearla como lugar de encuentro virtual, como medio de comunicación y como fuente de informaciones diversas. Como recurso pedagógico tiene algunos inconvenientes derivados de la dificultad para encontrar la información deseada, es decir existe un gran cúmulo de información que nos encontramos con el inconveniente de que muchas veces no se puede distinguir la información de calidad y la acientífica.

Algunos de los recursos disponibles en Internet, más utilizados en el proceso de enseñanza y aprendizaje son los siguientes:

GADGET. Con aplicaciones físicas, PDA, agenda, iPod, mp4, blog (se incorpora a la parte educativa.

CMS (Content management system), es un sistema de administración de contenidos (framework) no administra el aprendizaje sino los contenidos. Permite administrar, tiempos, mensajes al usuario. Utilizado para realizar para comentarios, discusión. Ejemplos: blogger, blospot, wiki y portal que es un sitio con contenido y funcionalidad diversa.

E-LEARNING. Sirve para administrar los conocimientos los usuarios son los profesores y estudiantes, aulas virtuales, donde se ponen a disposición el material del curso. La publicación de un contenido por un profesor es la puesta a disposición de los estudiantes.

LMS (Learning management system), es cerrado, administra información, distribuye y controla actividades. Favorece el proceso de enseñanza y aprendizaje, debe estar instalado en un servidor, gestiona recursos, usuarios y da seguimiento al estudiante. Permite realizar evaluaciones, generar informes y gestiona servicios de comunicación como foros de discusión, video conferencias

Ejemplos

MOODLE
DOLEOS
SAKAI
ILIAS
CLOROLINE

WEBQUEST. Son actividades de enseñanza- aprendizaje basadas en Internet a menudo con ayuda de los motores de búsqueda como Google, Alta Vista o Yahoo. Resulta importante considerar los objetivos, estos deben ser claros y explicados antes de consultar. Sus características son:

- Favorecen una investigación guiada.
- Los recursos proceden de internet.
- Desarrolla habilidades cognitivas.
- Fomenta el trabajo cooperativo y la autonomía

CAPITULO CINCO

Estrategias de Enseñanza y Aprendizade en las Ciencias Naturales

Al implementar diferentes estrategias de Enseñanza y Aprendizaje en el aula, es importante que el docente considere el cómo abordar y manejar el grupo, a partir de la dinámica de este. Con respecto a este concepto diversos autores tales como Olmsted y Knowles, la definen como "*La interacción recíproca de diversas fuerzas que constituyen un efecto resultante sobre un grupo determinado*". Estas fuerzas pueden ser complejas e interdependientes, sin embargo se caracterizan por no ser constantes dentro de todos los grupos. En cada grupo se presenta una particular y singular dinámica. Por otra parte, Díaz Barriga (2000), menciona que un buen grupo puede estimular la autenticidad, la participación, la liberación de rutinas, el rechazo a los patrones establecidos. Para lograr lo anterior los miembros del grupo deben pensar y trabajar como unidad regidos por un propósito definido, en este caso particular será la detección de conocimientos, habilidades y recursos, previos al inicio del curso.

Se presentan a continuación una serie de estrategias empleadas en el proceso de enseñanza de las Ciencias Naturales, las cuales fomentan el aprendizaje en equipo, colaborativo y el desarrollo de habilidades y destrezas, todas con carácter de adaptable y perfectible y que son aplicables en grupos de estudiantes de educación básica, media y media superior que cursen asignaturas del área de Ciencias Naturales.

Se basan en la pedagogía constructivista; esto tomando como base a Piaget (quien fundamentó la idea de que el desarrollo cognoscitivo es un proceso adaptativo (asimilación-acomodación) que sigue a la adaptación biológica) las estructuras intelectuales y los conocimientos mismos, son construidos por el sujeto, pues no dependen únicamente de la herencia, el ambiente y la maduración.

Se manifiesta características también dentro de la llamada "Escuela Nueva" la cual surge hacia finales del siglo XIX, siendo su principal promotor Ferriere (1879-1960), quien propone una actitud pedagógica de respeto a las necesidades e intereses del estudiante, quien, conducido con una metodología activa, deberá desarrollar un espíritu crítico y de cooperación. Constituye el eje de toda la actividad educativa (paidocentrismo), en contraste con el tradicionalismo que considera al docente como el responsable y protagonista principal del proceso educativo.

Cabe mencionar que también encuadra en las características de la "Escuela activa" la cual inicia con Rousseau y se concreta con Dewey, su precepto más importante es que la enseñanza debe responder a la curiosidad e interés, el aprendizaje tiene lugar cuando el estudiante se enfrenta a la necesidad de escoger entre hipótesis y acción. Es definida como promotora de una educación en libertad para la libertad, y sus características básicas son: la preponderancia de la actividad, y libertad en el aprendizaje.

Por último también se sugieren estrategias que por medio de la "Simulación y juego", los estudiantes son activos en la construcción de su propio aprendizaje y el aprendizaje activo y colaborativo.

ESTRATEGIA UNO
"APRENDIZAJE LÚDICO"

Iturralde (2011) menciona que el aprender a través de la lúdica es una dimensión del desarrollo de los individuos, siendo parte constitutiva del ser humano. El concepto de lúdica es tan amplio como complejo, pues se refiere a la necesidad del ser humano, de comunicarse, de sentir, expresarse y producir en los seres humanos una serie de emociones orientadas hacia el entretenimiento.

Objetivos que se pretenden

- Identificar necesidades (conocimientos, habilidades y recursos) que requiere el grupo para el abordaje del cualquier tema al inicio del mismo.
- Desarrollar un ambiente de cooperatividad entre los estudiantes, a través de un aprendizaje lúdico.
- Crear un ambiente de entusiasmo, cooperación y ayuda entre los miembros del grupo. Desarrollando habilidades de comunicación, responsabilidad y participación para el logro de una meta en común.

Competencias que el estudiante desarrolla:

- ❖ Se auto determina y cuida de sí
- ❖ Se conoce y valora a sí mismo y aborda problemas y retos teniendo en cuenta los objetivos que persigue.
- ❖ Piensa crítica y reflexivamente
- ❖ Desarrolla innovaciones y propone soluciones a problemas a partir de métodos establecidos.
- ❖ Sustenta una postura personal sobre temas de interés y relevancia general, considerando otros puntos de vista de manera crítica y reflexiva.
- ❖ Trabaja en forma colaborativa
- ❖ Participa y colabora de manera efectiva en equipos diversos.

Elaboración de un biotwistter

Materiales empleados:

- Guía de términos o conceptos (el número dependerá de el número de círculos de colores que el tapete tenga)
- Tapete con las imágenes pegadas y correspondientes a las respuestas de los términos o conceptos, estas deberán estar pegadas ordenadamente en el "tapete", elaborado con una caja de cartón grueso y cubierto con plástico transparente, para evitar dañar las imágenes de las respuestas.
- Tarjetas con las preguntas o cuestionamientos.

Descripción del Método:

Se explicará al grupo claramente los siguientes puntos:

a) Se conformarán dos grupos de igual número de estudiantes. (opcional hombres vs mujeres, por filas, por estaturas)

b) Cada grupo a través de consenso entre ellos nombrarán dos alumnos que los represente:

1. Un estudiante será el que participe activamente, sin embargo será apoyado por los demás integrantes de su grupo que representa.
2. Un lector de las tarjetas el cual dará las instrucciones que indique la tarjeta.

c) Se dará inicio al juego a través de sorteo (se sugiere con una moneda lanzada al aire, o también el mayor puntaje obtenido en el lanzamiento de un dado)
d) Una vez iniciado el juego, el integrante lector tomará una tarjeta, leerá en voz alta el concepto y la instrucción, como en el siguiente ejemplo:

1. pie izquierdo. En la imagen de la hoja adaptada a ambientes de ecosistemas xerófitos.
2. pie derecho. En los ejemplos de estructuras homologas.
3. mano izquierda. En el ejemplo de estructuras análogas.
4. mano derecha. En los dedos con membranas adaptados para nadar.

e) La acción será ejecutada por turnos, participando alternadamente un integrante de cada equipo.
f) Será eliminado el primero que pierda el equilibrio, se caiga o salga del tapete de juego.
g) Por cada respuesta correcta, el equipo se quedará con la tarjeta.
h) El equipo ganador será el que al final tenga la mayor cantidad de tarjetas.

Cierre

A manera de cierre, se solicita en plenaria que los estudiantes hablen sobre las conclusiones, los aprendizajes obtenidos y reforzados que se alcanzaron con la implementación de dicha estrategia. Es recomendable que el docente elabore un resumen de las ventajas y desventajas para que posteriormente las adapte para un mejor resultado.

La Lúdica fomenta el desarrollo psicosocial, la conformación de la personalidad, evidencia valores, puede orientarse a la adquisición de saberes, encerrando una amplia gama de actividades donde interactúan el placer, el gozo, la creatividad y el conocimiento.

ESTRATEGIA DOS "SESIÓN CAFÉ"

Los grupos numerosos representan un reto para los docentes, cuando el aprendizaje es centrado en el maestro. No obstante, cuando los paradigmas cambian y el aprendizaje se centra en el alumno, se permite la implementación y génesis de nuevas estrategias que fomentan la participación dinámica de los estudiantes, convirtiéndolos en actores principales y constructores de proceso de su propio aprendizaje.

Objetivos que se pretenden

- Fomentar la participación y la convivencia en el grupo.
- Implementar y mantener mecanismos de seguimiento a las necesidades y objetivos del grupo que se demanden por la actividad generada para fomentar la participación y la convivencia, el cumplir con esa demanda apoyará al logro de los resultados esperados.

Competencias que se pretende que el estudiante desarrolle:

- Se facilita la evaluación de argumentos, ya que se obtienen conclusiones de manera grupal que son retroalimentadas en plenaria.
- Se desarrollan las habilidades de búsqueda de información, comunicación, discusión.
- Se permite al profesor evaluar actitudes como, entre otras, las de respeto y tolerancia.

Materiales empleados:

- Libreta de apuntes
- Material del salón de clases: butacas, mesas.
- Hojas blancas para escribir en ellas las preguntas.

Descripción del Método:

a) Se forman equipos de cuatro a cinco estudiantes
b) El profesor selecciona a las personas representantes de cada equipo (una) que estará al cargo de las mesas de trabajo, quien esté a cargo de la mesa no se mueve, él dará la bienvenida a la mesa, dará la instrucción, modera y guía a los integrantes del equipo. Da la despedida cuando se indique que se terminó el tiempo
c) Toman lugar en cada una de las mesas
d) La pregunta gira en torno a la temática tratada en la sesión que termina. (o bien a una lectura antes asignada)
e) En cada mesa los integrantes del equipo aportan sus conocimientos, a los 5 minutos cambian de mesa.
f) Los equipos hacen el recorrido por cada una de las mesas
g) En la última mesa, el equipo se queda y se darán 5 minutos para que junto con el representante elaboren las conclusiones de las aportaciones de todos los demás integrantes de equipo.
h) El maestro escucha las conclusiones y aporta lo necesario.

Cierre

Se puede pedir que se entregue el reporte de conclusiones y se distribuye entre el grupo. Por su parte, el profesor implementa y mantiene mecanismos de seguimiento a las necesidades y objetivos del grupo que se demanden por la actividad generada para fomentar la participación y la convivencia, el cumplir con esa demanda apoyará al logro de los resultados esperados.

ESTRATEGIA TRES
"DOCUMENTALES Y PELÍCULAS COMO RECURSO DIDÁCTICO"

Durante el proceso de evaluación formativa, en donde se adquieren conocimientos permanentes dentro de un ambiente de libertad, creatividad, propuesta, discusión y retroalimentación. En la presente actividad se fomenta la observación, análisis y reflexión de los estudiantes y el escucha de las opiniones de los compañeros del aula, eliminándose los obstáculos que dificultan el proceso de enseñanza y aprendizaje.

Objetivos que se pretenden

- Escuchar las necesidades y eliminar obstáculos para el logro de un adecuado clima de trabajo
- Fomentar la participación y convivencia

Competencias que se pretende que el estudiante desarrolle

- Escucha, interpreta y emite mensajes pertinentes en distintos contextos mediante la utilización de medios, códigos y herramientas apropiados.
- Sustenta una postura personal sobre temas de interés y relevancia general, considerando otros puntos de vista de manera crítica y reflexiva.

Materiales empleados

- Documental
- Libreta de apuntes
- Proyector

Instrumento guía de preguntas del documental, a modo de sugerencia se enlistan a continuación las siguientes:

1. ¿Qué relación encuentra entre el tema del documental y el tema o contenido?
2. Desde su perspectiva, ¿Cuál es el principal problema que se plantea?, ¿detecta más de uno?, ¿Cuál o cuáles?
3. ¿Qué alternativas de solución plantearía?
4. ¿Por qué el tema planteado se considera un problema?, desde el punto de vista de quien es un problema
5. Escriba tres conclusiones sobre el documental

Descripción del Método

a) El docente selecciona el documental o película acorde al tema o contenido visto previamente en el aula.
b) Proporciona a los estudiantes la guía de preguntas, con el fin de que realicen sus anotaciones y observaciones durante la proyección.
c) Al término de la proyección, el maestro y los estudiantes comparten opiniones y juicios.

Cierre

En plenaria se plantea a los estudiantes que el aprendizaje del estudiante, y conocimiento adquirido sea realmente significativo, que sea una verdadera construcción y que le sirva para aplicarlo en diferentes experiencias de su vida.

ESTRATEGIA CUATRO
"EL MÉTODO DE PROYECTOS EN EL AULA"

El método de proyecto representa situaciones complejas de la vida real planteadas de forma narrativa, a partir de datos que resultan ser esenciales para el proceso de análisis. Constituyen una buena oportunidad para poner en práctica habilidades requeridas en la vida real, por ejemplo: observación, escucha, diagnóstico, toma de decisiones y participación en procesos grupales orientados a la colaboración y al aprendizaje significativo.

Existen tres tipos de proyectos, estos son:

a) Proyectos Científicos

En este tipo de proyectos, los estudiantes tienen la oportunidad de desarrollar actividades relacionadas con el trabajo científico formal al describir, explicar y predecir mediante investigaciones acerca de fenómenos o procesos naturales que ocurren en su entorno.

b) Proyectos Tecnológicos:

Estos proyectos estimulan la creatividad en el diseño y la construcción de objetos, e incrementan el dominio práctico relativo a materiales y herramientas. Amplían los conocimientos acerca del comportamiento y la utilidad de diversos materiales, las características y eficiencia de diferentes procesos.

c) Proyectos Ciudadanos:

Estos contribuyen a valorar de manera crítica las relaciones entre ciencia y la sociedad, mediante una dinámica de investigación-acción y conducen a los alumnos a interactuar con otras personas para pensar e intervenir con éxito en situaciones que viven como vecinos, consumidores o usuarios.

Objetivos que se pretenden

- Implementar y mantener mecanismos de seguimiento a las necesidades y objetivos del grupo para el logro de resultados.
- Implementa alternativas de solución a través de la innovación en el proceso de enseñanza – aprendizaje

Competencias que se pretende que el estudiante desarrolle

- Emite juicios de valor sobre la contribución y alcances de la ciencia como proceso colaborativo e interdisciplinario en la construcción social del conocimiento.
- Sitúa la interrelación entre la ciencia, la tecnología, la sociedad y el ambiente en contextos históricos y sociales específicos.
- Identifica problemas, formula preguntas de carácter científico y plantea las hipótesis necesarias para responderlas.
- Obtiene, registra y sistematiza la información para responder a la pregunta de carácter científico, consultando fuentes relevantes y realizando experimentos pertinentes.
- Explicita las nociones científicas que sustentan los procesos para la solución de problemas cotidianos.

- Aplica los conocimientos científicos para explicar el funcionamiento de maquinas de uso común.

Materiales empleados

- Los materiales empleados dependerán del método de proyecto a realizar, sin embargo podemos mencionar los materiales básicos, estos son:
- Información de diversas fuentes: libros, revistas, documentales, periódicos, videos.
- Libreta de apuntes

Descripción del Método

a) El profesor redacta en el pizarrón un reporte sobre alguna problemática que esté ocurriendo en el entorno y que los estudiantes consideren importante porque afecta el medio o la salud.
b) Se identifican las problemáticas de manera objetiva y general, analizado desde otra perspectiva.
c) Responden las siguientes preguntas:
d) 1.- ¿El tema-problema propuesto tiene relevancia en nuestra vida? "Porque acabamos del ver el tema de los átomos y los isótopos"
e) ¿Nos interesa conocer sobre el tema-problema propuesto?
f) ¿Qué nos gustaría saber sobre el tema-problema propuesto?
g) Se elaboran formatos de seguimiento y planeación en donde cada determinado tiempo se registren los avances con base en el logro de propuestas y resultados.

Cierre

El aprendizaje por proyectos es una enseñanza que facilita la capacidad de comprensión, y ayuda a los estudiantes a entender los problemas de la sociedad actual y los faculte para la toma de decisiones fundamentales y responsables. Rescata la dimensión práctica del aprendizaje - aplicación y uso, de manera que logre la máxima relación entre teoría y práctica, conocimiento y aplicación, a fin de logran aprendizajes más significativos.

La propuesta de realizar los proyectos, en espacios de trabajo específicos para su desarrollo, como una estrategia didáctica en la que los alumnos, a partir de su curiosidad, intereses y cultura, integren sus conocimientos, habilidades y actitudes, avancen en el desarrollo de su autonomía y den sentido social y personal al conocimiento científico, es decir, los alumnos tendrán que dar respuestas, por sí mismos, a las preguntas que ellos se plantean, utilizar procedimientos científicos cada vez más rigurosos y reflexionar acerca de actitudes propias de la ciencia, así como desarrollar actitudes personales como parte de una formación científica. Los proyectos orientan a los alumnos a la reflexión, toma de decisiones con responsabilidad, a la valoración de actitudes y formas de pensar propias, a organizarse para trabajar en equipo priorizando esfuerzos con una actitud democrática y participativa. Es una opción que permite observar el avance de los alumnos en cuanto a la adquisición de conocimientos y el desarrollo de habilidades y actitudes.

ESTRATEGIA CINCO "LÍNEAS DE TIEMPO"

Las líneas del tiempo se definen como una representación gráfica del paso del tiempo y su elaboración en clase permite que nuestros alumnos aprendan el sentido del tiempo histórico. Dependiendo de su propósito y contenido se pueden identificar en ellas las nociones que nos permiten comprender el tiempo histórico, por ejemplo: cambios, continuidades, duración, sucesión, simultaneidad, etapas o periodos.

Objetivos que se pretenden

- Ubicar en el tiempo hechos, eventos, sucesos de índole evolutiva, reforzando la capacidad de organizar hechos en secuencias.
- Relacionar y comparar en el tiempo hechos y procesos biológicos.
- Recuperar saberes previos, de manera ordenada y cronológica
- Evaluar la capacidad de recordar sucesos en orden, articulados según relaciones de causa-efecto
- Profundizar en un período de tiempo determinado, al detallar y articular los hechos que lo componen.

Competencias que se pretende que el estudiante desarrolle

- El estudiante conoce diversas estrategias lectoras a fin de aplicar la adecuada en un determinado texto de acuerdo con propósitos específicos, previa reflexión de su quehacer lector, con interés cognitivo.

Materiales empleados:

- Fuentes de información
- Libreta de apuntes
- Hojas de colores, marcadores, imágenes

Descripción del Método:

a) Se solicita a los estudiantes colocar una fecha de inicio y de final, nos indica la orientación de los acontecimientos anteriores y posteriores en el período que estudiamos
b) Se hace la división de la línea, es decirlos intervalos que existen en determinado período.
c) Se escribe representación de los eventos, que puede ser: con una frase, con simbología. Es importante escribir o anotar lo más relevante de la información.

Cierre

La elaboración de líneas de tiempo permite la organización de la información, en el caso de las Ciencias Naturales explican el proceso de evolución de las especies, a partir del conocimiento de las adaptaciones más importantes que favorecieron su desarrollo.

ESTRATEGIA SEIS "ELABORACIÓN DE MATERIALES DIDÁCTICOS"

La finalidad principal de un herbario la de servir para estudio de las plantas secas que lo componen, es fundamental que las mismas se hayan preparado y se conserven en el mejor estado posible. Además de que el estudiante conozca el uso y aplicación de estas para remediar problemas relacionados con la saludo.

Objetivos que se pretenden

- Argumentar la importancia de las plantas medicinales como tratamientos alternativos para recuperar la salud.
- Conocer la importancia de las plantas medicinales y su uso a través de la historia.

Competencias que se pretende que el estudiante desarrolle

- El estudiante describe de manera sistemática un fenómeno a través del uso de la indagación documental con una actitud crítica y de respeto intelectual para facilitar la comprensión.

Materiales empleados (herbolario de plantas medicinales)

- Fuentes de información y documentación
- Plantas medicinales desecadas.
- Hojas de opalina
- Etiquetas
- Plumones

Descripción del Método

a) Proponga a sus estudiantes la elaboración de un herbolario, o colección de plantas medicinales de la zona o región en la que viven. Es importante que se incluya la siguiente información a los ejemplares desecados:

    - Nombre científico
    - Origen
    - Descripción botánica
    - Parte de la planta empleada en el tratamiento
    - Indicaciones de uso
    - Usos y aplicaciones

b) Se recomienda pegar en cada hoja de opalina un ejemplar de la planta medicinal que este desecada para evitar la proliferación de hongos, para lo cual cada planta se pone entre pliegos de papel secante o papel de periódico y se apilan unos sobre otros. Es importante poner las muestras bien sobre el papel, pues de ello dependerá el aspecto que tengan después de secas.

c) Pegar en la parte inferior derecha una ficha con los datos antes mencionados.

Cierre

Para la adecuada elaboración de un herbolario es importante considerar las siguientes etapas: colección del material en campo, secado de plantas y estructuras como flores, semillas y raíces, y por último el montaje de este material con su información.

ESTRATEGIA SIETE
"EL PERIÓDICO MURAL"

El periódico mural se clasifica como un medio visual fijo, un espacio en la pared a un tablero de diferente tamaño. La elaboración de un periódico mural por parte de los estudiantes constituye un medio de comunicación visual formado por imágenes y texto, está destinado a un público determinado y su presentación se hace periódicamente en un lugar previamente seleccionado.

Objetivos que se pretenden

- Explicar la riqueza de la biodiversidad en México, mediante una investigación documental y la observación de zonas naturales de la región.
- Que el estudiante sea capaz de buscar información, resumir, seleccionar y plasmar información a través de un periódico mural.

Competencias que se pretende que el estudiante desarrolle

- El estudiante interviene en situaciones de comunicación oral, haciendo uso de estrategias de comprensión lectora, expresión oral con pertinencia y adecuación, para interactuar con otros.
- Escucha, interpreta y emite mensajes pertinentes en distintos contextos mediante la utilización de medios, códigos y herramientas apropiados.
- Sustenta una postura personal sobre temas de interés y relevancia general, considerando otros puntos de vista de manera crítica y reflexiva.

Materiales empleados

- Plumones
- Papel bond
- Imágenes
- Libreta de apuntes.
- Fuentes de información documental.

Descripción del Método

Los estudiantes por equipo seleccionaran áreas naturales propias de nuestro país. Investigaran todo lo referente a estas áreas: geografía, diversidad animal, de flora, características físicas, hidrología, edafología, etc.

La información se plasmara en un periódico mural, siguiendo las siguientes recomendaciones:

Es importante considerar las diferentes etapas de desarrollo en la elaboración del periódico mural son:

a) Planificación. En esta etapa se debe considerar los materiales, dimensiones, información solicitada, imágenes, colores, además de la ubicación del periódico.
b) Construcción. Toda vez que ya se cuenta con el material, debe organizarse en el periódico mural, procurando que sea atractivo visualmente e interesante.
c) Evaluación del periódico. El profesor evalúa dando lugar a que los todos expongan sus conocimientos a través de este recurso.

Cierre

Por medio de la elaboración de periódicos murales, los estudiantes permiten ver plasmado su trabajo de investigación documental en una superficie en donde pueden hacer objetos atractivos visualmente que representan el contenido.

Se clasifican los periódicos murales en tres tipos: fijo, móvil y biombo.

ESTRATEGIA OCHO "SALIDAS A CAMPO Y OBSERVACIÓN DE CONDUCTAS"

Semper (1990), menciona que *los espacios interactivos proveen de recursos de aprendizaje a las comunidades de todas las edades. Las experiencias interactivas, motivan a niños, jóvenes y adultos a ser más curiosos y por lo tanto entender el cómo y el porqué de las cosas, experimentar jugando o jugar a experimentar, son las formas como podemos conocer la situación actual de nuestro medio ambiente y actuar con él.*

Las salidas a campo o a espacios tales como los zoológicos fomentan en los estudiantes el desarrollo de los siguientes aspectos:

Aspecto social: porque implica la coordinación de actividades con uno o más compañeros, constituyendo un modo primario de interacción social, la mayoría de las formas de juego se producen de manera natural entre los niños y las niñas de edades semejantes. También puede favorecer las relaciones niño-adulto si participa en una actividad lúdica de manera conjunta.

Aspecto creativo, ya que los niños tienen libertad para poner a prueba ideas nuevas en el juego. Estimula la imaginación que es la base del desarrollo de la creatividad, a diferencia de la fantasía que, llevada a su extremo puede conducir al niño a evadir la realidad.

Físicamente, pues sirve para ejercitar las habilidades motoras gruesas y finas, proporciona un ejercicio corporal total y una plena coordinación.

Propicia el desarrollo intelectual ya que facilita la resolución de problemas porque se aprende a formular juicios, analizar y sintetizar los datos y los conceptos de manera informal.

Objetivos que se pretenden

- Describir de manera sistemática un fenómeno, a través del uso de la indagación documental, con una actitud crítica y de respeto.
- El estudiante describirá los tipos de conducta innatos y aprendidos en los animales, a partir de la observación de animales y la investigación documental.
- Fomentar en los estudiantes la observación, síntesis e interpretación de información.

Competencias que se pretende que el estudiante desarrolle

- ❖ El estudiante reafirma mediante un instrumento, su actividad académica con responsabilidad, colaboración y compromiso.
- ❖ Confronta las ideas preconcebidas acerca de los fenómenos naturales con el conocimiento científico para explicar y adquirir nuevos conocimientos.
- ❖ Valora el papel fundamental del ser humano como agente modificador de su medio natural proponiendo alternativas que respondan a las necesidades del hombre y la sociedad, cuidando el entorno.
- ❖ Analiza la composición, cambios e interdependencia de la materia y la energía en los fenómenos naturales, para el uso racional de los recursos de su entorno.

Materiales empleados

- Binoculares para observación
- Libreta de apuntes
- Cámara fotográfica

Descripción del Método

- El docente programa y gestiona con las autoridades educativas una visita al zoológico o área natural cercana a la escuela.
- Se sugiere que durante la visita los estudiantes tomen notas de la conducta de tres especies que les llame la atención.
- Deberán integrar un reporte que contenga fotografías, observaciones, información biológica de las especies y conclusiones
- Se sugiere la presencia de varios coordinadores que supervisen a los estudiantes.

Cierre

Los paseos o salidas de campo permiten que los estudiantes profundicen lo que están aprendiendo en clase. Sin embargo, para que cumplan con su finalidad educativa, deben ser bien planeados.

Los principales beneficios de este tipo de actividades son:

- Profundizan las materias tratadas en clases. Los paseos son un recurso pedagógico de apoyo.
- Aprendizaje de campo. Las visitas deben responder a las necesidades ya no le basta ver un animal en un libro, sino que quiere verlo en su hábitat.

ESTRATEGIA NUEVE
"EL RELATO DIGITAL"

Con la presente estrategia titulada "Relato Digital", se pretende lograr que el alumno sea capaz de encontrar el sentido y significación a los contenidos teóricos, además de invocar a los estudiantes al hacerlos partícipes con su contexto personal, para promover el pensamiento personal, autónomo, reflexivo y crítico.

Objetivos que se pretenden

- Aprender a partir de la acción, los contenidos teóricos del origen de la vida.
- Conocer el desempeño de los alumnos ante situaciones simuladas.
- Promover la interacción y la comunicación ente los estudiantes, mediante el trabajo colaborativo.
- Favorecer los aprendizajes significativos, a través de la acción lúdica.
- Desarrollar habilidades específicas para enfrentar y resolver las situaciones simuladas.

Competencias que se pretende que el estudiante desarrolle

- Se conoce y valora a sí mismo y aborda problemas y retos teniendo en cuenta los objetivos que persigue
- Escucha, interpreta y emite mensajes pertinentes en distintos contextos mediante la utilización de medios, códigos y herramientas apropiados.
- Sustenta una postura personal sobre temas de interés y relevancia general, considerando otros puntos de vista de manera crítica y reflexiva.
- Emite juicios de valor sobre la contribución y alcances de la ciencia como proceso colaborativo e interdisciplinario en la construcción social del conocimiento.
- Sitúa la interrelación entre la ciencia, la tecnología, la sociedad y el ambiente en contextos históricos y sociales específicos.
- Explicita las nociones científicas que sustentan los procesos para la solución de problemas cotidianos.
- Aplica los conocimientos científicos para explicar el funcionamiento de maquinas de uso común.

Materiales empleados

- Materiales auditivos, se emplearon para insertar la música a la presentación de Power Point.
- Materiales de imagen fija. Tales como fotografías, diapositivas.
- Materiales gráficos. Las ilustraciones, como referente para representar el contexto en el cual se desarrollo la historia.
- Materiales impresos. El libro de texto, revistas.
- Materiales electrónicos. Lap, cañón, grabadora para la proyección de su trabajo.
- Materiales informáticos. Por ejemplo los recursos didácticos de la web, que se les sugirieron a los estudiantes, para obtener datos, información e imágenes.

Descripción del Método

a) Lectura y síntesis de las ideas principales de cada teoría.
b) Asignación de roles.
c) Elaboración de storyboard (un borrador a lápiz y papel de los personajes, ambientes, textos y diálogos).
d) Toma de imágenes, Inserción de textos, diálogos y sonidos
e) Entrega del primer borrador al docente para su revisión y corrección de observaciones.
f) Exposición por parte de los equipos y concentración de la información de todas las teorías expuestas.

Cierre

Es durante el desarrollo de las estrategias de enseñanza y aprendizaje, en donde convergen diferentes áreas del conocimiento, y el desarrollo de diferentes tipos de competencias, destrezas y habilidades. Así mismo, se pretende el dominio y uso de las nuevas tecnologías de la información, útiles y aplicables en cualquier ámbito tanto escolar, personal y profesional. La capacidad de síntesis, abstracción. La búsqueda y selección de información adecuada dentro del amplio mar de información a la que hoy día se puede acceder en el internet, así como de los textos e imágenes.

ESTRATEGIA DIEZ "LOS PROYECTOS MULTIDISCIPLINARIOS"

La trascendencia e importancia de ser docente actualmente nos indica que los hombres y mujeres que nos dedicamos a la educación, buscamos la consolidación del sistema formativo y del proceso de Enseñanza y Aprendizaje, incorporando nuevos mecanismos y aprovechando las innovaciones en materia educativa que se generan continuamente. Como docentes tenemos la responsabilidad de generar productos y mecanismos desde nuestro ámbito de acción: el aula. Favoreciendo y desarrollando habilidades y capacidades que les permitirán a nuestros estudiantes adaptarse en cualquier ámbito en donde se desenvuelvan.

Uno de estos mecanismos es la integración curricular en donde convergen diferentes áreas del conocimiento. Por lo tanto el alumno es capaz de encontrar el sentido y significación de lo expuesto teóricamente de manera aislada con su contexto personal. A través del modelo de integración curricular se potencializa la capacidad de comprender y reflexionar porque se adquiere un pensamiento personal, autónomo y crítico, mediante el desarrollo de destrezas.

Objetivos que se pretenden

- Contribuir a la ruptura y cambio de paradigmas en la acción docente en cuanto al diseño de estrategias de enseñanza y aprendizaje y el trabajo colaborativo.
- Fomentar el engranaje de los contenidos de varias disciplinas para lograr el establecimiento de métodos y criterios, que fortalezcan el aprendizaje y aplicación del conocimiento a la vida cotidiana y contexto social de los estudiantes.

Competencias que se pretende que el estudiante desarrolle

- Promover y fomentar la participación de los estudiantes y docentes, a partir de acciones de planeación, seguimiento y evaluación curricular.
- Aumentar la eficiencia en el funcionamiento de los grupos de trabajo colegiado para posibilitar el análisis, la reflexión y el intercambio académico, sobre la práctica docente.

Fases o etapas de implementación:

Acción	Metodología	Tiempo
I. Difusión del proyecto	Presentación de la propuesta: Autoridades de plantel Docentes involucrados y alumnos.	Es de vital importancia la sensibilización a todos los docentes sobre la importancia del trabajo colaborativo en academia y su impacto directo en los indicadores escolares. Con esto se fomenta integración social y la formación de comunidades educativas consolidadas.

II. Identificar avances y dificultades en el logro de los propósitos de los programas de estudio y tomar decisiones basadas en la información real de lo que sucede en la escuela y en el aula, para adecuar las formas de trabajo a las condiciones particulares en las que se desarrolla el proceso de enseñanza.	Corroborar que estén perfilados a los objetivos de las asignaturas y enriquecerlo con las participaciones de los titulares de las diferentes asignaturas.	Durante la planeación, previa al inicio de semestre.
III. Revisar y analizar los programas de estudio de las asignaturas que imparten, adecuando el currículum a la realidad específica de cada plantel. Diagnosticar la situación específica de los grupos que atienden.	Con base en los resultados en donde se concentran los promedios de aprobación y reprobación, determinar en qué grupos y materias Se llevarían a cabo las estrategias de currículo integrador.	Durante la planeación, en la evaluación formativa y sumativa.

Cierre

Es importante considerar que autores como Beane (2005), mencionan que "*para la mayoría, el sistema de asignaturas separadas ofrece poco más que un surtido inconexo e incoherente de hechos y destrezas*". El enfoque de las asignaturas separadas considera que el mundo está dividido en compartimientos", por lo tanto instituciones como la Subsecretaria de Educación Media Superior, refieren que *"La riqueza del trabajo colegiado se fundamenta en la participación activa, entusiasta y organizada de los docentes que manifiestan en sus iniciativas la planeación, ejecución y evaluación de proyectos destinados a fortalecer la calidad educativa que México necesita"*.

ESTRATEGIA ONCE "EL DEBATE"

El Debate frecuentemente es utilizado en el aula para discutir sobre un tema, existen diferentes variantes en la aplicación de la estrategia. En cualquiera de sus formas el maestro se encarga de observar a los estudiantes y en particular a los que destacan por alguna actitud específica.

Objetivos que se pretenden

- Desarrollar en los estudiantes la capacidad de observación y de escucha.
- Fomentar la tolerancia y respeto hacia las opiniones de los otros.

Competencias que se pretende que el estudiante desarrolle

- Debate sobre problemas de su entorno fundamentando sus juicios en el análisis y en la discriminación de la información emitida por diversas fuentes.
- Propone soluciones a problemáticas de su comunidad, a través de diversos tipos de texto, aplicando la estructura discursiva verbal o no verbal y los modelos gráficos o audiovisuales que estén a su alcance. Se reformula.
- Propone soluciones a problemas de su entorno con una actitud crítica y reflexiva, creando conciencia de la importancia que tiene el equilibrio en la relación ser humano-naturaleza.

Materiales empleados

- Diversas fuentes de información.

Descripción del Método

a) Organización de los equipos con igual número de integrantes. La organización puede ser según varios criterios, por ejemplo: por géneros, por partes iguales de estudiantes, por estaturas. El papel de moderador lo va a realizar el maestro, guiando la sesión con base a la serie de preguntas del tema y que cada equipo, según su postura defenderá o refutará.
b) El maestro solicita a uno de los equipos la defensa con argumentos de un tema específico y al otro equipo que refute los argumentos estando en contra.
 Los temas sugeridos en el caso de las Ciencias Naturales: células madre, eutanasia, trasplantes de órganos, medicina alternativa, desarrollo vs conservación.
c) Determinación de las posturas de cada uno de los equipos, aclaración de términos que van a utilizar, inicio de preguntas por parte del moderador e indicación del tiempo de respuesta por equipo que es de tres minutos.
d) Después de un tiempo de 30 min se sugiere un receso de 5 minutos, antes de dar inicio a otra sesión en donde se hará el cierre del debate.

Cierre

Durante el debate el maestro hará anotaciones sobre las observaciones que realice durante el debato, por ejemplo: a los que no participan, se enojan, a los que son agresivos con los otros, a los que se angustian, para que posteriormente tenga un acercamiento con estos alumnos de forma particular y solucione o aclare dudas.

ESTRATEGIA DOCE
"LOS MAPAS MENTALES"

Desarrollado por Tony Buzan, el concepto de mapa mental se refiere a un diagrama que se elabora para representar las imágenes que una persona sobre un concepto determinado, utilizando el mínimo de palabras.

El diagrama del mapa mental, parte básicamente de un concepto central o clave, a partir de cual se colocan de manera radial las ideas, imágenes y otros conceptos relacionados. Por lo tanto se considera que un mapa mental actúa como un modelo cognoscitivo o una red semántica.

Su principal función es la organización y jerarquización de las ideas, por lo que sirve de ayuda para estudiar, clasificar, seleccionar información, tomar decisiones.

Objetivos que se pretenden

- Desarrollar en los estudiantes la capacidad de aprender términos y hechos determinados.
- Interpretara graficas
- Sera capaz de sintetizar, organizar y clasificar información.

Competencias que se pretende que el estudiante desarrolle

- Utiliza la información contenida en diferentes textos para orientar sus intereses en ámbitos diversos.
- Establece relaciones analógicas, considerando las variaciones léxico-semánticas de las expresiones para la toma de decisiones.

Materiales empleados

- Fuente de información
- Hojas
- Marcadores
- Imágenes de revistas

Descripción del Método

a) Los estudiantes realizan una lectura de un tema o contenido académico determinado.
b) El docente da las instrucciones de cómo elaborar un mapa mental.
c) Los estudiantes elaboran su propio mapa mental, según sus ideas, y representaciones de conceptos.
d) Los temas sugeridos para el caso de las Ciencias Naturales son: Evolución biológica, ecosistemas (selvas, bosques, tundras, desiertos), la vida, desarrollo histórico de la biología y/o química, componentes celulares, tipos de microscopios, los reinos o dominios.

Cierre

Los mapas mentales además de fortalecer las redes semánticas, favorecen las conexiones sinápticas que se producen entre las neuronas de la corteza cerebral ya que las capacidades cognitivas se concentran sobre un mismo objeto y trabajan en armonía con un mismo propósito. Se recomienda utilizar un mínimo de palabras e iniciar la tarea siempre en el centro de la hoja, donde se coloca la idea central, los conectores deben ser únicamente líneas y no flechas.

ESTRATEGIA TRECE
"APRENDIZAJE BASADO EN PROBLEMAS (ABP)"

El aprendizaje basado en problemas (ABP) es una estrategia de enseñanza y aprendizaje. Durante la implementación del ABP se conjuntan los conocimientos, el desarrollo de habilidades y actitudes. El ABP se sustenta en la teoría constructivista, y aprendizaje colaborativo. Es una forma diferente de transmitir los conocimientos para no caer en rutina con los estudiantes, en donde son ejes centrales del aprendizaje, ya que los estudiantes se vuelven activos en la generación de su propio aprendizaje.

Objetivos que se pretenden

- El estudiante será capaz de identificar un problema y proponer alternativas de solución para el problema planteado.

Competencias que se pretende que el estudiante desarrolle

- Utiliza la investigación como estrategia para la construcción de aprendizaje.
- Opera en esquemas de trabajo colaborativo
- Favorece esquemas de aprendizaje distribuido: distintos estudiantes investigan distintos aspectos de la situación o problema a conocer/ resolver. No todos aprenden todo al mismo tiempo y de la misma manera.
- Finalmente, todos aprenden todo. Integran (visión global) los conocimientos de los distintos aspectos del problema.
- Ejercita el desarrollo de pensamiento relacional y sistémico. Más que datos e información descontextualizada, establecen relaciones.
- Ejercita valores para la convivencia

Materiales empleados

- Estos serán variables dependiendo del proyecto que los estudiantes implementen.

Descripción del Método

El ABP, consta de diferentes momentos, a continuación se describen de manera general:

a) Conformación de equipos y asignación roles. Los estudiantes se conforman en equipos, se sugiere que tengan un máximo de 10 integrantes y se asignan roles: un líder es quien va a coordinar las etapas del trabajo, registrar avances e incluso motivar a los integrantes del equipo que no estén cumpliendo con los objetivos.
b) Leer y analizar el escenario del problema. Selección del problema, el problema seleccionado debe estar en relación con los objetivos del curso y con problemas o situaciones de la vida diaria para que los alumnos encuentren mayor sentido en el trabajo que realizan, de tal modo que todos los alumnos se interesen y entren a la discusión del tema.
c) Definir el problema. Planeación, los estudiantes están obligados a justificar sus decisiones y razonamiento en las etapas y objetivos de aprendizaje del ABP. En esta etapa deben elaborar un cronograma de actividades, con base a las fechas de entrega propuestas por el profesor. Por lo anterior, la cooperación de todos los integrantes del grupo de trabajo es importante.
d) Obtener información. Es muy importante motivar la búsqueda independiente de la información, para luego compartir y discutirla con los demás integrantes del equipo.
e) Presentar resultados. El proceso de evaluación se lleva a cabo durante el proceso, en las modalidades de evaluación diagnóstica, formativa y sumativo.

Las sugerencias de ABP, en las Ciencias Naturales son los siguientes temas:

- Contaminación.
- Calentamiento global.
- Desarrollo sustentable en su comunidad.
- Hábitos de vida saludables.
- Epidemiologia

Cierre

El ABP, es un recurso que nos ofrece una serie de ventajas tanto a docentes y estudiantes, sin embargo es necesario una adecuada planeación, y planificación, ya que la improvisación nos puede orillar a tener una serie de complicaciones tanto en el desfasamiento de tiempos, el no correlacionar los contenidos y/o saberes e incluso en una falta de liderazgo y por lo tanto los estudiantes pueden perder el entusiasmo de un inicio.

Como docentes debemos establecer los lineamientos, metas y alcances que se pretendan, pero una vez iniciado nuestro papel es solo como guías o facilitadores. Los estudiantes son quienes van a liderar su propio aprendizaje.

ESTRATEGIA CATORCE
"EL ENSAYO"

Los ensayos son escritos de respuesta libre, en los que los estudiantes desarrollan un tema determinado. El ensayo permite al docente examinar las habilidades de argumentación del estudiante, bajo un ambiente de respeto y tolerancia.

Objetivos que se pretenden

- Será capaz de organizar los conceptos o ideas que tiene sobre un tema en particular.
- Desarrollar habilidades como pensamiento crítico, reflexivo, flexibilidad de ideas.

Competencias que se pretendee que el estudiante desarrolle

- Utiliza la información contenida en diferentes textos para orientar sus intereses en ámbitos diversos.
- Establece relaciones analógicas, considerando las variaciones léxico-semánticas de las expresiones para la toma de decisiones.
- Determina la intencionalidad comunicativa en discursos culturales y sociales para restituir la lógica discursiva a textos cotidianos y académicos.

Materiales empleados

- Varias fuentes de información y documentación.

Descripción del Método

a) El docente proporciona a los estudiantes un tema específico, con la adecuación necesaria partiendo de un cuestionamiento.
b) La revisión de documento deberá contener los siguientes puntos: aspectos relevantes del tema, argumentación clara y lógica al tema planteado, deberá hacer un adecuado cierre del tema.

Los temas sugeridos para elaborar un ensayo en la didáctica de las Ciencias Naturales son:

- Genética
- Contaminación
- Biotecnología
- Biodiversidad
- Conservación

Cierre

Los ensayos son un recurso favorable en la enseñanza de las ciencias, ya que fomentan la actividad creativa de los estudiantes, se evalúa la capacidad del estudiante para transmitir mensajes, ideas y argumentos. Existen dos maneras de evaluar, estas son el método holístico en donde se evalúa la impresión general que propicia el mensaje del ensayo. El método analítico, en donde el docente evalúa que el ensayo contenga una serie de aspectos que pueden identificarse y evaluarse de manera separada, en este método sugieren no saber el nombre el autor del ensayo y que sea revisado por más de una persona. Las desventajas del ensayo es que el docente invierte mucho tiempo para su revisión.

CAPITULO SEIS

Evaluación: Instrumentos y Recursos

Respecto de la evaluación podemos mencionar que esta en cualquiera de sus formas debe de condicionar y dirigir al aprendizaje y debe de estar al servicio de la enseñanza promoviendo la calidad de lo aprendido.

Se define como un proceso global, en la evaluación se comprueba la adquisición de conocimientos en relación al logro de los objetivos planteados en cada etapa del proceso educativo.

Algunas otras definiciones del concepto de evaluación la han referido otros autores, por ejemplo:

I. "La etapa del proceso educativo que tiene como finalidad comprobar, de manera sistemática, en que a medida se han logrado los objetivos propuestos con antelación. Entendiendo a la educación como un proceso sistemático, destinado a lograr cambios duraderos y positivos en la conducta de los sujetos, integrados a la misma, en base a objetivos definidos en forma concreta, precisa, social e individualmente aceptables." (P. D. Lafourcade)
II. "Evaluación es el acto que consiste en emitir un juicio de valor, a partir de un conjunto de informaciones sobre la evolución o los resultados de un alumno, con el fin de tomar una decisión. " (B. Maccario)
III. "La evaluación es una operación sistemática, integrada en la actividad educativa con el objetivo de conseguir su mejoramiento continuo, mediante el conocimiento lo más exacto posible del alumno en todos los aspectos de su personalidad, aportando una información ajustada sobre el proceso mismo y sobre todos los factores personales y ambientales que en ésta inciden. Señala en qué medida el proceso educativo logra sus objetivos fundamentales y confronta los fijados con los realmente alcanzados." (A. P. Teleña).

En el ámbito de las competencias a través de la evaluación se comprueba que el alumno sea eficiente en el campo que haya elegido con las correspondientes habilidades y destrezas que posea. Con base a los lineamientos establecidos por el constructivismo los nuevos conocimientos deben engranarse a los conocimientos previos, además de los antecedentes, contexto, entorno social, demostración de los conocimientos aprendidos.

Actualmente los docentes que formamos parte de los cuerpos colegiados es decir las academias. Nos encontramos inmersos dentro de un conjunto de reformas y cambios, siendo una de las más polémicas y controversiales el proceso de evaluación a los alumnos. Es controversial y polémica pues se deben unificar criterios, y es eso precisamente lo en ocasiones resulta difícil.

Dentro de esta labor, se halla implícita la importancia de la finalidad (el para qué), además de determinar en buena parte el tipo de información que se considera adecuada para la toma de decisiones, criterios, instrumentos, y los momentos de la evaluación.

En relación a lo anterior, en muchas ocasiones los docentes erróneamente clasificamos a los estudiantes como malos, no dedicados, flojos. Sin detenernos a pensar que el desempeño docente y la forma de evaluación influye proporcionalmente, traduciéndose en un bajo rendimiento estudiantil.

Es indispensable tomar en cuenta una serie de variables al elegir los procedimientos más adecuados para realizar la evaluación.

- La propia disciplina que se imparta y los distintos tipos de contenidos.
- La edad de los alumnos y su procedencia.
- Estilo de aprendizaje y enseñanza.
- Los propios procedimientos para evaluar.

Algunos de los momentos de evaluación son:

- ❖ Evaluación diagnóstico. Su propósito es establecer un vínculo significativo entre lo que el estudiante sabe, piensa o siente antes de iniciar su proceso de aprendizaje sobre el contenido a abordar, de esta manera se explota o recupera el conocimiento formar o informal que el alumno posee.
- ❖ Evaluación formativa. Ocurre durante el proceso de aprendizaje y juega un importante papel regulador en dicho proceso ya que permite conocer los aprendizajes logrados

y retroalimentar tanto a los estudiantes como al profesor, ofrece la pauta para rediseñar o continuar con las estrategias enseñanza con la finalidad de lograr los objetivos planteados.

- Evaluación sumativa. Se caracteriza por tener un valor numérico para la calificación sumativa del estudiante. Se emplea una lista de cotejo en donde se han de registrar todas las evidencias acumuladas durante la evaluación formativa.

De acuerdo con Eduardo I. de la Garza Vizcaya la evaluación, ha estado presente en el contexto educativo mexicano, en los últimos veinte años. Vinculado con el concepto de calidad de la educación. Menciona que es considerada como una actividad indispensable y previa a toda acción dirigida a elevar el nivel de la calidad de la educación. Constituye un momento de la planeación, entendida ésta como una acción racional dotada de propósito. Se identifica a la evaluación con la última etapa del proceso natural del conocimiento que concluye con la emisión de juicios informados, proceso que antecede a las decisiones y a la acción humana.

También nos dice que en su forma más simple, la evaluación conduce a un juicio sobre el valor de algo y se expresa mediante la opinión de que ese algo es significativo. Así, la evaluación es esencialmente comparativa. Supone la adopción de un conjunto de estándares y la especificación del grupo contra el cual el objeto es comparado. El objeto puede ser calificado como "bueno" o "malo", cuando la referencia es la totalidad de los objetos o el objeto promedio del grupo; o bien como "mejor" o "peor", si es comparado con un subconjunto particular del grupo.

La evaluación, en esencia, supone adoptar un conjunto de estándares, definirlos, especificar el grupo de comparación y deducir el grado en el cual el objeto alcanza los estándares. Una vez realizado lo anterior, el evaluador está en posibilidad de hacer, en un segundo momento, un juicio sobre el valor del objeto evaluado.

En el caso de la evaluación de las Ciencias Naturales, se considera que la evaluación es el conjunto de operaciones que carecen de la finalidad por sí mismas y que adquieren un valor en función del servicio que presentan para la toma de decisiones en el mejoramiento del proceso de enseñanza y aprendizaje. La mayoría de los profesores evalúan haciendo pruebas o con la aplicación de exámenes, revisando los exámenes y adjudicando calificaciones cuanto en todo caso lo que hacer es medir el aprovechamiento escolar. De tal manera, que la información obtenida solo indica cuanto sabe un alumno, pero no que sabe, que no sabe, como lo sabe. Las calificaciones sirven tan poco educativamente hablando y resultan estériles para orientar el mejoramiento de la enseñanza.

El concepto de evaluar se refiere a enjuiciar y valorar a partir de cierta información desprendida directa o indirectamente de la realidad, de modo que en el proceso de E-A, cierta información pueda ser la medición o cuantificación de los datos aportados por los exámenes siempre y cuando de lugar a otras interpretaciones o establecimientos de juicios.

Por otra parte, medir significa cuantificar aciertos y errores y adjudicar calificaciones son entonces únicamente pasos previos a la verdadera evaluación aunque para redondear el concepto debemos reconocer que las interpretaciones y juicios pueden surgir de apreciaciones no cuantificadas como las que se desprenden de la observación sistemática de los aspectos cualitativos del comportamiento de los alumnos.

La evaluación en cualquiera de sus formas debe de condicionar y dirigir al aprendizaje y debe de estar al servicio de la enseñanza promoviendo la calidad de lo aprendido. Cuando es tomado como un proceso global, en la evaluación se comprueba la adquisición de conocimientos en relación al logro de los objetivos planteados en cada etapa del proceso educativo.

En el ámbito de las competencias modelo vigente en el nivel medio superior, se comprueba que el alumno sea eficiente en el campo que haya elegido con las correspondientes habilidades y destrezas que posea. Es importante mencionar otros aspectos de la evaluación, los cuales no involucran al docente, sino a los estudiantes, en diferentes momentos del proceso, estos son:

1.- La meta cognición, es importante que los estudiantes reconozcan por sí mismos sus áreas de oportunidad para trabajar en ellas, así como también sus fortalezas, para enriquecerlas.
2.- La coevaluación, los estudiantes tienen la oportunidad de evaluarse entre ellos, el docente deberá hacer énfasis en el hecho de que es un instrumento objetivo e imparcial y no instrumento para ser utilizado en contra de los estudiantes.

La evaluación de actitudes y valores, puede llevarse a cabo mediante el uso de las escalas de apreciación. Por otra parte, la rúbrica de evaluación, es un instrumento que describe los criterios para evaluar a los estudiantes en algún trabajo, tarea o proyecto. Debemos hacer hincapié en el hecho de que cada criterio se le asigna un valor, de esta manera podemos identificar y facilitar la evaluación.

Las rúbricas son importantes porque los estudiantes reciben retroalimentación específica sobre su ejecutoria en cada componente del trabajo realizado. Esta información le deja saber exactamente donde tuvo éxito y donde falló. Se considera importante equilibrar los criterios ya que la mayoría de las rúbricas se enfocan más al aspecto cuantitativo y menos al cualitativo.

ANEXOS

Rúbricas

RÚBRICA PARA EVALUAR TRABAJO EN EQUIPO Y COLABORATIVO

Adaptado de: "Peer Collaboration and Teamwork" Napa New Technology High School, Napa, California, 2001-2002.

Criterio	%	Insatisfactorio	Competente	Avanzado
El liderazgo y la iniciativa	25%	Este miembro del grupo tomó un papel pasivo, generó pocas ideas nuevas, solía hacer solamente lo que le mandó otra persona o no buscó ayuda cuando era necesario.	Los miembros del grupo desempeñaron un papel activo generando ideas; tomaron iniciativa en la organización y la finalización de tareas; y buscaron ayuda cuando era necesario.	*Además de cumplir el criterio de la categoría Competente:* El miembro del grupo proporcionó guía como líder del grupo al organizar y dividir el trabajo con consideración; controlando el progreso; o afinando la dirección del proyecto.

La facilitación y el apoyo	25%	Este miembro del grupo no parecía dispuesto a ayudar a los demás, criticó el proyecto y los miembros del grupo de una manera dañina o distrajo a los miembros del grupo.	Los miembros del grupo demostraron una disposición de ayudar a otros cuando se les pedía; escucharon activamente las ideas de los demás y ayudaron a crear un ambiente positivo de trabajo.	*Además de cumplir el criterio de la categoría Competente:* El miembro del grupo observó el progreso y las necesidades de los miembros del grupo y averiguó la manera de ayudarles.
El aporte personal y la disposición de trabajar	50%	El miembro del grupo se distraía con frecuencia, no terminó asignaciones y deberes, o impidió el progreso del proyecto por su falta de asistencia. Cuando se esforzó fue en elementos de importancia menor del proyecto.	El miembro del grupo llegó preparado para trabajar cada día, entregó las asignaciones a tiempo, y, por lo general, se empeño en el proyecto. Informó al grupo en la mayoría de los días en los que se ausentó para no impedir el progreso del proyecto.	*Además de cumplir el criterio de la categoría Competente:* El miembro del grupo compensó por las faltas del los demás miembros del grupo y demostró la disposición de pasar un número de horas significante afuera del horario de la escuela para finalizar el proyecto.

RÚBRICAS PARA EVALUAR MAPAS CONCEPTUALES

Adaptado de http://prontus.uv.cl/pubacademica/pubcarreras/pubmedicinav/site/artic/20060831/asocfile/ejemplos_de_criterios_y_Rúbricas_o_descriptores.pdf

Puntaje	Criterio
3	Muestra un entendimiento del concepto y una terminología adecuada.
2	Comete algunos errores en la terminología empleada y muestra algunos vacíos en el entendimiento de los conceptos.
1	Comete muchos errores en la terminología y muestra vacíos conceptuales profundos.
0	No muestra ningún conocimiento en torno al concepto tratado.

RÚBRICA PARA EVALUAR MAPAS MENTALES

Adaptado de http://prontus.uv.cl/pubacademica/pubcarreras/pubmedicinav/site/artic/20060831/asocfile/ejemplos_de_criterios_y_Rúbricas_o_descriptores.pdf

Puntaje	Criterio
3	Identifica todos los conceptos importantes y demuestra un conocimiento de las relaciones entre estos.
2	Identifica todos los conceptos importantes y demuestra un conocimiento de las relaciones entre estos.
1	Identifica importantes conceptos pero realiza algunas conexiones erradas
0	Falla al establecer en cualquier concepto o conexión apropiada.

RÚBRICA PARA EVALUAR PROYECTOS

Adaptado de http://www.colegiosanignacio.edu.pe/abp/3/abps/jubileo/Rúbricas.html

Criterio	1	2	3	4
Búsqueda de información	Información insuficiente e incorrecta.	Información insuficiente, por no conectarse correctamente con su tema.	Información suficiente que se relaciona con el tema.	Abundante información relacionada con el tema que se desarrolla.
Manejo y organización de la información	No hay una adecuada selección de información.	Bajo manejo y clasificación de información. Información que se concreta claramente con el tema	Adecuada clasificación de la información, aunque se necesita discriminar y ligar alguna información obtenida.	Clasificación y discriminación del contenido de la información.
Enfoque y creatividad	No hay enfoque de su información y solo se copia lo obtenido tanto en contenido como en imágenes para material	No está el enfoque claro del tema, poco material y no representativo del tema.	Selección de objetivos sobre su información se necesita mejor conexión entre las ideas y su material.	Selección de objetivos de la información obtenida, adaptación de materiales de información

RÚBRICA PARA EVALUAR EXPOSICIONES

Adaptado de http://www.colegiosanignacio.edu.pe/abp/3/abps/jubileo/Rúbricas.html

	5	4	3	2	1
	EXCELENTE	BUENO	REGULAR	DEFICIENTE	INSUFICIENTE
Voz El estudiante modula correcta y adecuadamente su tono de voz. La comunicación oral fluye correctamente. Utiliza el vocabulario correcto y adecuado.					
Calidad de la presentación. El estudiante mantiene la atención de los espectadores. Evita limitarse a leer lo que está escrito en su presentación					
Dominio del contenido El estudiante demuestra dominio del contenido y proyecta seguridad en todos y cada uno de los planteamientos que conciernen a su exposición					

Organización y secuencia El estudiante muestra su información de forma organizada, evidenciándose una secuencia lógica y ordenada entre cada una de las partes del proyecto dando claridad a la exposición.					
Uso de recursos visuales y tecnológicos. El estudiante hace uso adecuado de recursos visuales y tecnológicos para enriquecer su trabajo					

RÚBRICA PARA EVALUACION DE ABP

Adaptado de http://www.colegiosanignacio.edu.pe/abp/3/abps/jubileo/Rúbricas.html

Criterios (puntaje 50)	10	8	5	2
Definición del problema	Define con claridad el problema, lo que le permite saber qué es lo que desea resolver e innovar.	Define con cierta claridad el problema lo que le permite saber qué es lo que desea resolver e innovar.	La definición del problema no es clara por lo tanto hay dificultad para saber lo que tiene que resolver.	No hay definición del problema por lo que no es posible saber lo que se tiene que resolver
Justificación del proyecto	Describe con claridad la importancia y actualidad del problema, su utilidad práctica y factibilidad de realización.	Describe la importancia y actualidad del problema, su utilidad práctica y factibilidad de realización.	Describe vagamente la importancia y actualidad del problema, su utilidad práctica y factibilidad de realización.	Se hace una justificación insuficiente del proyecto en cuanto a la actualidad del problema, utilidad práctica o factibilidad.
Objetivos del proyecto	Los objetivos son claros y precisos, nos permiten saber hacia dónde vamos y lo que esperamos del proyecto. Son posibles de cumplir, medir y evaluar	Se definen los objetivos y permiten saber hacia dónde vamos y lo que esperamos del proyecto. Son posibles de cumplir, medir y evaluar	Se establecen los objetivos del proyecto, no permiten saber hacia dónde vamos y lo que esperamos del proyecto.	Se establecen de alguna manera objetivos que no son claros, no es posible medirlos o evaluarlos.

Esquema de contenidos	Los temas y subtemas que se abordan en el proyecto son congruentes con los objetivos del proyecto. Se presentan de forma clara y concisa.	Los temas y subtemas que se abordan en el proyecto se integran de manera completa y congruente con los objetivos pero falta claridad en el esquema.	Los temas y subtemas que se abordan en el proyecto se integran de manera incompleta e incongruente y no hay claridad en el esquema.	Se presentan algunos temas y subtemas y no se percibe la relación con los objetivos del proyecto
Alternativas de solución	Las alternativas de solución al problema son descritas de manera clara, concisa y además son viables.	Varias alternativas descritas carecen e cierta claridad pero demuestran viabilidad.	La mayoría de las alternativas descritas carecen de claridad además demuestran poca viabilidad.	Se describe de manera poco precisa una sola alternativa de solución

RÚBRICA PARA EVALUACIÓN DE PERIÓDICO MURAL

Adaptado de: *calculo.files.wordpress.com/.../Rúbrica-para-periodico-mural-mapa-m...*

CATEGORÍA	5	4	3	2	1	0
TIEMPO DE ENTREGA	Entrega A La Fecha Y Hora Indicados Por El Docente.	No Se Acepta	No Se Acepta	No Se Acepta		No Lo Entrega.
ENCABEZADO	Todos Los Artículos Tienen Titulares Que Capta La Atención Del Lector Y Describe Su Contenido Con Precisión.	Todos Los Artículos Tienen Titulares Que Describen Su Contenido Con Precisión.	La Mayoría De Los Artículos Tienen Titulares Que Describen Con Precisión Su Contenido.	Muchos Artículo No Tienen El Titular Adecuado.	No Existe Coherencia Entre El Título Y El Contenido Presentado	No Presenta, No Trabaja.
CONTENIDO	81 Al 100% De Los Artículos Establecen Un Propósito Claro En El Párrafo Principal Y Demuestra Un Claro Entendimiento De La Unidad.	Del 61 Al 80% De Los Artículos Establecen Un Propósito Claro En El Párrafo Principal Y Demuestra Un Claro Entendimiento De La Unidad.	50 Al 60% De Los Artículos Establecen Un Propósito Claro En El Párrafo Principal Y Demuestra Un Claro Entendimiento De La Unidad.	30 Al 49% De Los Artículos Establecen Un Propósito Claro En El Párrafo Principal Y Demuestra Un Claro Entendimiento De La Unidad.	Menor Del 30% De Los Artículos Establecen Un Propósito Claro En El Párrafo Principal Y Demuestra Un Claro Entendimiento De La Unidad.	No Presenta, No Trabaja.

PRESENTACIÓN	Presenta El Trabajo Con Las Medidas Como Máximo De 90 X 120 Cm. Con Orden, Limpieza, Coherencia, Ortografía, Con Las Terminologías Adecuadas Y Directorio. El Trabajo Debe Ser Elaborado Acorde Al Nivel Preparatoria.	Presenta El Trabajo Con Las Medidas Como Máximo De 90 X 120 Cm. Con Orden, Limpieza, Coherencia, Con Faltas De Ortografía, Sin Terminologías Adecuadas Y Directorio. El Trabajo Debe Ser Elaborado Acorde Al Nivel Preparatoria.	Presenta El Trabajo Con Las Medidas Solicitadas, Con Orden, Maltratado, Sin Coherencia, Faltas De Ortografía, Con Las Terminologías Adecuadas Y Directorio. El Trabajo Debe Ser Elaborado Acorde Al Nivel Preparatoria.	Presenta El Trabajo Con Las Medidas, Y Falta: Orden, Limpieza, Coherencia, Ortografía, Terminología Adecuada Y Directorio. El Trabajo Debe Ser Elaborado Acorde Al Nivel Preparatoria.	No Respeta Las Medidas Solicitadas, Existe Ausencia De Alguno De Los Siguientes Conceptos: Orden, Limpieza, Coherencia, Ortografía, Terminología Adecuada Y Directorio. Fue Elaborado Acorde A Un Nivel Inferior.	No Presenta, No Trabaja.
TRABAJO COLABORATIVO	Todos Los Integrantes Participaron Activa Y Satisfactoriamente, Contribuyeron En El Trabajo Por Iniciativa Propia	La Mayoría De Los Integrantes Participaron Activa Y Satisfactoriamente, Contribuyeron En El Trabajo Por Iniciativa Propia	Sólo La Mitad De Los Integrantes Participaron Activa Y Satisfactoriamente, Contribuyeron En El Trabajo Por Iniciativa Propia	Menos De La Mitad De Los Integrantes Participaron Activa Y Satisfactoriamente, Contribuyeron En El Trabajo Por Iniciativa Propia	Los Integrantes Participaron De Mala Gana, Contribuyeron En El Trabajo Por Exigencias De Los Demás.	No Presenta Aportación Alguna, No Trabaja.
CREATIVIDAD E INNOVACIÓN	El Trabajo Es Creativo En Cuanto Al Material, Desarrollo De La Temática, Imágenes, Colorido, Formas Y Dimensiones.	El Trabajo Es Creativo Pero Falta Menos De La Mitad De Alguno De Los Siguientes Aspectos: Material, Desarrollo De La Temática, Imágenes, Colorido, Formas Y Dimensiones.	El Trabajo Es Creativo En La Mitad De Los Siguientes Aspectos: Material, Desarrollo De La Temática, Imágenes, Colorido, Formas Y Dimensiones.	El Trabajo Es Poco Creativo En Cuanto Al Material, Desarrollo De La Temática, Imágenes, Colorido, Formas Y Dimensiones.	El Trabajo No Es Creativo En Cuanto Al Material, Desarrollo De La Temática, Imágenes, Colorido, Formas Y Dimensiones.	No Presenta, No Trabaja.

RÚBRICA PARA EVALUACIÓN DE MAPA MENTAL

Adaptado de: *calculo.files.wordpress.com/.../Rúbrica-para-periodico-mural-mapa-m...*

CATEGORÍAS	5	4	3	2	1	0
TIEMPO DE ENTREGA	Entrega A La Fecha Y Hora Indicados Por El Docente.	No Se Acepta	No Se Acepta	No Se Acepta	No Se Acepta	No Lo Entrega.
TÍTULO	Inicia Desde El Centro De La Hoja, El Título Presenta Claramente El Propósito O Contenido Del Mapa, Con Letras Subrayadas Y/O Imágenes Grandes.	Inicia Desde El Centro De La Hoja, El Título No Es Claro O No Presenta El Propósito O Contenido Del Mapa, Con Letras Subrayadas Y/O Imágenes Grandes.	No Inicia Desde El Centro De La Hoja, El Título Presenta Claramente El Propósito O Contenido Del Mapa, Con Letras Subrayadas Y/O Imágenes Grandes.	No Inicia Desde El Centro De La Hoja, El Título No Presenta Claramente El Propósito O Contenido Del Mapa, No Tiene Letras Subrayadas Y/O Imágenes Grandes.	No Hay Relación Entre El Título Y El Tema	No Presenta, No Trabaja.
CONTENIDO	Utiliza Un Mínimo De Palabras Posibles, De Preferencia Palabras Claves, O Mejor Aún Con Imágenes.	Utiliza Palabras De Más, Aunque Incluye Palabras Claves, Presenta Imágenes.	El Contenido Que Presenta En El Mapa Mental No Está Relacionado Con El Contenido En Por Lo Menos La Mitad Del Mismo.	El Contenido Que Presenta En El Mapa Mental No Está Relacionado Con El Tema En Por Más De La Mitad Del Mismo.	La Relación Que Existe Entre El Contenido Del Mapa Y El Tema A Desarrollar Es Mínima.	No Presenta, No Trabaja.

PRESENTACIÓN	Usa Colores Apropiados Según El Tema; Características Llamativas; Ortografía Y Gramática; Enlaces Adecuados Por Medio De Jerarquización. Los Espacios Son Adecuados Y Simétricos; La Presentación Es Horizontal.	Falla En Dos Aspectos De Los Siguientes: Colores Apropiados Para El Tema; Características Llamativas; Ortografía Y Gramática; Enlaces Adecuados Por Medio De Jerarquización. Los Espacios Son Adecuados Y Simétricos; La Presentación Es Horizontal.	Falla En Cuatro Aspectos De Los Siguientes: Colores Apropiados Para El Tema; Características Llamativas; Ortografía Y Gramática; Enlaces Adecuados Por Medio De Jerarquización. Los Espacios Son Adecuados Y Simétricos; La Presentación Es Horizontal.	Falla En Más De Cuatro Aspectos De Los Siguientes: Colores Apropiados Para El Tema; Características Llamativas; Ortografía Y Gramática; Enlaces Adecuados Por Medio De Jerarquización. Los Espacios Son Adecuados Y Simétricos; La Presentación Es Horizontal.	Casi No Presenta Alguno De Los Aspectos Siguientes: Colores Apropiados Para El Tema; Características Llamativas; Ortografía Y Gramática; Enlaces Adecuados Por Medio De Jerarquización. Los Espacios Son Adecuados Y Simétricos; La Presentación Es Horizontal.	No Presenta, No Trabaja.
CREATIVIDAD E INNOVACIÓN	En Un 80-100% Todo El Mapa Presenta Originalidad Y Creatividad En La Composición.	En Un 60-79% Todo El Mapa Presenta Originalidad Y Creatividad En La Composición.	En Un 40-59% Todo El Mapa Presenta Originalidad Y Creatividad En La Composición.	En Un 20-39% Todo El Mapa Presenta Originalidad Y Creatividad En La Composición.	En Un 1-19% El Mapa Presenta Originalidad Y Creatividad En La Composición.	No Presenta, No Trabaja.

EJEMPLOS DE REACTIVOS UTILIZADOS EN LAS PRUEBAS OBJETIVAS DE EVALUACIÓN DE LAS CIENCIAS NATURALES.

Carreño (1990), propone el concepto y la clasificación general de los reactivos. Nos dice que el reactivo se define como un estímulo del cual se espera una respuesta que pueda ser calificada. Se sugiere que para una mejor comprensión, cada reactivo contenga los siguientes datos: Instrucciones, valor en puntos, tiempo asignado, ejemplos (opcionales), pasajes orales o escritos, condiciones de aplicación y ponderación.

Los reactivos pueden ser:

- Los abiertos también se les llaman de respuesta libre o no estructurada, son aquellos en los cuales las preguntas están hechas para que el sujeto responda todo lo que quiera.
- En el caso de los reactivos cerrados son llamados de respuesta estructurada, se caracterizan porque el sujeto, para responder a la pregunta, debe seleccionar una de las opciones que se le ofrecen.

Así también Carreño, propone una clasificación más específica de los tipos de reactivos, estos son:

- Reactivos Canevá
- Reactivos De Opción Múltiple.
- Reactivos De Problemas
- Reactivos De Multiítem
- Reactivos De Complementación.
- Reactivos De Respuesta Alterna.
- Reactivos De Ordenamiento.
- Reactivos De Correspondencia.
- Reactivos De Elección
- Reactivos De Relación O Correspondencia.
- Reactivos De Preguntas Abiertas.
- Reactivos De Identificación

A continuación se muestran una serie de ejemplos con base a cada tipo de reactivo, con el enfoque de las asignaturas de las Ciencias Naturales.

REACTIVOS CANEVÁ

Este reactivo requiere que se complete el enunciado en la base de la pregunta con una palabra o una frase.

Ejemplos:

Escribe sobre la línea la palabra que complete cada una de las siguientes frases:

1. La_______Respiración_________es el mecanismo de intercambio de gases que conduce oxígeno y recoge bióxido de carbono entre el organismo y el medio.

2. Los saltamontes respiran por_____tráqueas________, es decir, por tubos que se ramifican a lo largo del cuerpo del animal.

3. La______Sangre______es la encargada de transportar el oxígeno y llevarlo desde los pulmones hacia todo el organismo.

REACTIVOS DE OPCIÓN MÚLTIPLE.

Los reactivos de opción múltiple se conforman por una base y varias opciones.

- La base es el enunciado que presenta la situación problema planteada explícita o implícitamente en una pregunta, afirmación o enunciado incompleto.
- Las opciones se entienden como las posibles respuestas al enunciado de la base. Sólo una de ellas responde correctamente al enunciado o pregunta; las otras opciones son respuestas incorrectas y por lo general son llamadas distractores.

Con base a la redacción de los reactivos de opción múltiple, propuesto por el Instituto Mexicano de Orientación y Evaluación Educativa, estos pueden ser:

Redacción:	Ejemplo:
1. Cuando es planteada en forma de pregunta	*¿Cuál de los siguientes enunciados tiene subrayado el modificador circunstancial?*

2. Cuando la pregunta está apoyada por una afirmación se tienen dos posibilidades	*De las siguientes parejas de números racionales, ¿en cuál se puede establecer una relación de igualdad?*
3. Cuando la base está planteada como afirmación incompleta:	*Un factor que propició el estancamiento económico de los países Iberoamericanos durante el siglo XIX fue la...*
4. Si la base de un reactivo termina con dos puntos:	*De los siguientes enunciados el que tiene sujeto compuesto es:*
5. Cuando la base del reactivo concluye con las palabras "en la opción", esta expresión va seguida de dos puntos:	*Una evidencia directa del cambio evolutivo se menciona en la opción:*
6. En algunas ocasiones, la base de la pregunta se plantea en forma imperativa y, por tanto, debe terminar con punto:	*Elija el enunciado que contiene un objeto indirecto.*
8. Los reactivos cuya base presenta un grupo de enunciados a clasificarse u ordenarse, inician con la instrucción con mayúscula y terminan con dos puntos y aparte:	*Lea con atención:* *¿Cuál de las siguientes opciones contiene únicamente sintagmas?:*
9. Si la base del reactivo incluye un párrafo o texto, éste debe entrecomillarse, en las opciones se respetará la escritura original del texto:	*En el enunciado "Todas las mañanas, el águila cruza imponente el valle", ¿cuál es el núcleo del sujeto?*
10. Cuando un reactivo implique completar una expresión (eligiendo la palabra que la completa), debe anotarse en primer término el enunciado o párrafo incompleto y posteriormente la orden de elección:	*Lea el siguiente enunciado:*
11. Cuando algunos reactivos forman parte de un bloque, se deben presentar instrucciones particulares:	*Con base en el texto siguiente, conteste los reactivos 1 y 2.*

Ejemplos:

Los siguientes reactivos de opción múltiple son una propuesta como parte de un examen semestral de la materia de Biología II, del bachillerato.

Instrucciones: Coloca sobre la línea la letra correspondiente a la respuesta correcta.

1. __a__ Es una disciplina biológica encargada del estudio del comportamiento llamada etología gr. *ethos*, que significa costumbre.
    a. Etología
    b. Ecograma
    c. Citología

2. __a__ Los primeros estudios sobre conducta animal, se llevaron a cabo bajo una propuesta:
    a. Antropomórfica
    b. Genética
    c. irracional

3. __c__ Esta corriente categorizaba a los animales como autómatas, seres totalmente irracionales y sin emociones.
    a. Darwiniana
    b. Vitalista
    c. mecanicista

4. __a__ Los trabajos de este científico prácticamente se basaron en el análisis de campo de la conducta animal, la cuantificación, la comparación de rasgos y los patrones (la adaptación de los animales al medio). Observaron diferentes tipos de conducta.
    a. Konrad Lorenz
    b. IvanPavlov
    c. Jane Godwall

5. __c__ Diversos estudios científicos han demostrado que en los casos en que este tipo de impronta no se ha llevado, por ejemplo en bebes humanos y primates, cuando estos son adultos se generan situaciones como desarraigo maternal, son organismos carentes de afecto e incluso llegan a estar afectados en el aspecto psicológico.

a. Impronta
b. Impronta autómata
c. Impronta filial

6. ___a___ Son comúnmente conocidos como instintos
a. comportamientos innatos
b. comportamientos aprendidos
c. reflejos

7. ___b___ Se le llama así al comportamiento que no es aprendido o adquirido por imitación, y que está genéticamente programado.
a. Comportamientos innatos
b. Comportamientos aprendidos
c. Reflejos

8. ___c___ Disciplina biológica, encargada del estudio del comportamiento animal
a) impronta
b) socio biología
c) etología

9. ___a___ Zoólogo considerado el fundador de la etología:
a) Konrad Lorenz
b) Darwin
c) Skinner.

RECTIVOS DE PROBLEMAS

Se caracterizan por ser difíciles de elaborar por su complejidad ya que para responderlos se requiere más de una operación mental. El problema es un conjunto o combinación de reactivos independientes en los que se resume una situación concreta. Un problema es una proposición compleja de elementos a la que corresponden una o varias soluciones o una incógnita a despejar, atendiendo al manejo que se haga de tales elementos.

Es una cuestión que se trata de resolver mediante el estudio adecuado de los elementos que abarca. La adecuación se halla íntimamente ligada con la aplicación de principios, leyes, fórmulas, normas o criterios. Este tipo de reactivos permiten conocer del estudiante la capacidad de evaluar e integrar los conceptos, principios, métodos, técnicas, procedimientos, estructuras, y poner en marcha todo lo anterior en función de resolver problemas y para identificar y corregir los errores importantes en soluciones preestablecidas.

Ejemplos:

Los siguientes ejemplos de reactivos de problemas corresponden a la materia de Química I, de bachillerato, correspondientes a la unidad dos del programa, cuyo objetivo de unidad es el siguiente:

Unidad II

Estructura Atómica y Tabla Periódica

El estudiante: Explicará la estructura y propiedades del átomo mediante el análisis de los modelos atómicos y la clasificación de los elementos químicos, que le permitan desarrollar inferencias acerca del uso de diferentes modelos, sus implicaciones epistemológicas y repercusión social.

1.- Si tengo dos elementos, isótopos uno del otro, y uno de ellos tiene 19 electrones, ¿cuántos electrones tiene el otro? Fundamenta tu respuesta.

2.- Un isótopo de un elemento no metálico tiene un número de masa de 127 y tiene 74 neutrones en su núcleo. El anión derivado de dicho isótopo tiene 54 electrones. Escriba el símbolo de este anión.

3.- Un isótopo de un elemento metálico tiene un número de masa de 65 y tiene 35 neutrones en su núcleo. El catión derivado de dicho isótopo tiene 28 electrones. Escriba el símbolo de este catión.

4.- Contesta lo siguiente:

a) ¿Cuál es el número de masa que tiene un átomo de fósforo con 16 neutrones?
b) ¿Cuántos protones, neutrones y electrones hay en un átomo de neón-22?
c) Escribe el símbolo del átomo que tiene 82 protones y 125 neutrones _______

5.- Un tipo en particular de átomo tiene 61 neutrones y un número de masa 108.
   a) ¿Cuántos protones y electrones tiene este átomo? ____________________
   b) ¿Cuál es su número atómico?
   c) ¿Cuál es el nombre de elemento?

6.- Un átomo de sodio que tiene 11 protones, 11 electrones y un número de masa de 23 uma.
   a) ¿Cuál es la carga eléctrica total del átomo?
   b) ¿Cuántos neutrones tiene este átomo?
   c) ¿Cuál es el número atómico del sodio?

7.- Los valores de los números cuánticos del electrón diferencial del siguiente átomo son n=2, l=1, m=1, spin=+1/ 2 (2, 1, 1, +1/2) Identifica al elemento no metálico.

8.- Completa la siguiente tabla, resolviendo los siguientes cuestionamientos:

Números Cuánticos	Configuración Electrónica	Configuración Kernel	Diagrama energético	Elemento
n= 2				
l= 0				
m= 0				
spin= + ½				
n= 3				
l= 1				
m= 0				
spin = -1/2				

9.- De la siguiente tabla, resuelve los siguientes problemas con ayuda de la tabla periódica y las fórmulas para obtener lo que se solicita.

Elemento	Z	M.A.(uma)	A	p^+	e^-	n^o	${}^{A}_{Z}X^{M.A.}$
Cs							
Zn							

Sb							
P							
Na							

REACTIVOS DE MULTIÍTEM.

Son también llamados multireactivos de base común. Este tipo de reactivo presenta las siguientes características según el Instituto Mexicano de Orientación y Evaluación Educativa.

- Se presenta un esquema en forma de texto, grafico, mapa o tabla, a partir del cual se plantean varios reactivos.
- Para responder se toma en cuenta la información que explícita o implícitamente contiene el texto.
- Evalúa habilidades para identificar: las ideas principales, discriminar significados, obtener deducciones.
- Aunque se ha utilizado siempre en ítems de habilidad verbal, cada vez se recurre a el con mayor frecuencia en asignaturas como ciencias, matemáticas, lengua extranjera, etc.
- El estilo multiítem, es ideado para medir prácticamente cualquier tipo de aprendizaje, que va dese procesos sencillos, como recordar información, hasta procesos complejos como: la capacidad para interpretar datos, inferir conclusiones, definir problemas, solucionar planteamientos, formular hipó tesis, identificar falacias lógicas y/o conceptuales, etc.

Ejemplos:

1.- Muchas revistas populares publican una cantidad sorprendente de artículos sobre dieta, ejercicio y otros temas relacionados con la salud. Algunos autores recomiendan determinada dieta o algún suplemento dietético. ¿Qué tipo de evidencia piensas que deberían incluir los artículos para ayudar al lector a decidir si desea aceptar o no esas recomendaciones? Adaptado de Taggart (2004)

2.- Ciertas especies bacterianas se desarrollan en entornos que se encuentran a temperaturas cercanas al punto de ebullición del agua; por ejemplo en los respiraderos de vapor que se producen en las fisuras volcánicas o en los manantiales calientes. Asumiendo que al bicapa de lípidos de las membranas de las células bacterianas consta principalmente de fosfolípidos, ¿Qué característica es probable que tengan las colas de ácido graso de los fosfolípidos para ayudar a la estabilización de la membrana a temperaturas tan altas? Adaptado de Taggart (2004)

3.- Imagina que eres un camarón joven y que vives en un estuario, donde el agua dulce que se drena de la tierra se mezcla con agua salina del mar. Muchas personas tienen casas cercanas a lagos y desean tener acceso hacia el mar para sus botes, por lo que solicitan autorización al gobierno para construir un canal hacia el estuario. Si se les concedieran, ¿Qué te ocurriría, camarón? Adaptado de Taggart (2004)

4.- En un mapa mundial ubícalos y coloréalos, los países considerados como mega diversos.

5.- Explica cada una de las siguientes características que debe poseer una determinada extensión territorial, para poder ser decretada como una Área Natural Protegida. Compara tus resultados con tus compañeros de clase.

Riqueza de especies.
Diversidad de ecosistemas presentes.
Presencia de especies en riesgo.

6.- Explica brevemente porque además de los dinosaurios muchas especies se extinguieron y otras lograron sobrevivir. Qué tipo de adaptaciones sufrieron estos organismos.

Adaptaciones fisiológicas, anatómicas y de comportamiento.

7.- La colecta de material biológico como lo son las plantas y animales, se lleva a cabo por varias razones, que a continuación se presentan. ¿Cuáles de ellas te parece la más importante? Justifica tu respuesta.

- Para actualización de inventarios biológicos de una zona o país.
- Investigación sobre alimentación, medicamentos, fármacos.
- Como acercamiento del ser humano con su medio natural.

REACTIVOS DE COMPLEMENTACIÓN.

Los reactivos de complementación son una serie de oraciones afirmativas transformadas a enunciados incompletos para escribir al final o al inicio las respuestas, que generalmente es un concepto.

Ejemplos:

De la siguiente lista de conceptos, coloque en la línea el que corresponda a la definición.

1.- ________Formado por una sola célula que puede ser procariota o eucariota

2.- ___________Es un lugar dedicado a la conservación, identificación e investigación de material botánico.

3.- ___________Medida empleada por los botánicos para medir la circunferencia de los troncos de los árboles.

4.- ___________Organismo cuya distribución está limitada a una zona específica, y no se encuentra en ningún otro lugar del mundo.

5.- _____________Las plantas xerófitas, por ejemplo las cactáceas, las cuales viven en ambientes con poca humedad disponible. Estas plantas han modificado sus hojas, reduciéndolas a espinas, con esto evitan la pérdida de agua y la conservan mejor, almacenándola en tallos carnosos o suculentos.

REACTIVOS DE RESPUESTA ALTERNA.

Estos reactivos, evalúan conocimientos que inequívocamente son ciertos o falsos, No devén redactarse con negaciones. No deben redactarse dos o más enunciados juntos.

Ejemplos:

1. Se encuentran en frutos como las uvas y en cereales. Tienen efectos en la salud, son antioxidantes y anti radicales.
   a. Flavonoides.

b. Alcaloides.
c. Taninos

2. Son compuestos nitrogenados, de origen vegetal; se emplean como fármacos, actúan sobre el sistema nervioso.
   a. Flavonoides.
   b. Alcaloides.
   c. Vitaminas

3. Se encuentran en muchos vegetales y frutas; por ejemplo, la piel de las uvas. Tienen efectos cardiosaludables, disminuyen el colesterol, y poseen propiedades antiinflamatorias.
   a. Grasas.
   b. Taninos
   c. Vitaminas

4. Se encuentran presentes en pequeñas cantidades en los alimentos como frutas, cereales y vegetales. El organismo requiere de ellas para estar saludable.
   a. Auxinas
   b. Taninos
   c. Vitaminas

5. Se encuentran presentes en los aceites de origen vegetal como frutos secos. Aportan gran cantidad de energía por su contenido calórico, y se consideran "buenas" porque no se acumulan en las arterias, contrario a lo que ocurre con las grasas de origen animal
   a. Giberelinas
   b. Vitaminas
   c. Grasas

REACTIVOS DE ORDENAMIENTO.

Son una seriación de datos, situaciones, hechos etc. que se presentan al alumno para que los ordene u organice. El ordenamiento puede ser de importancia, de valor, cronológico etc.

Ejemplos:

1.- Instrucciones ordene de menor a mayor de acuerdo a su masa atómica los siguientes compuestos químicos.

________HNO_3
________FeS_2
________Fe_2O_3
________SO_2

2.- ¿Cuál de las dos sustancias contiene la mayor cantidad de moles?

a) 150 g de Óxido de hierro II FeO
a) 120 g de Óxido de hierro III Fe_2O_3

3.- Se determinó analíticamente que la composición porcentual de una sustancia blanca y cristalina: C =26.7 %, H = 2.2 % y O = 71.1 %

Encuentra la fórmula empírica y ordena de menor mayor el porcentaje en que se encuentra cada elemento.

4.- Ordena con base a su número atómico las siguientes sustancias:

Cobalto	( )	Plata	( )
Mercurio	( )	Hidrogeno	( )
Helio	( )	Xenón	( )

REACTIVOS DE CORRESPONDENCIA

Se caracterizar por tener bloques de preguntas sobre un mismo contenido. Cada bloque constituido por dos series, una correspondiente a las bases y otra a las alternativas. Este tipo de examen pone en juego la reflexión del alumno para escoger el sujeto correspondiente a cada predicado.

Ejemplos:

1.- Correlaciona los tipos de proteínas con los ejemplos y coloca la letra que corresponda dentro del paréntesis (se pueden repetir las letras).

Tipos	Ejemplos
a) Fibrosas	( ) Fosfoproteínas
b) Globulares	( ) Enzimas
c) Sencillas	( ) Queratina
d) Conjugadas	( ) Albumina
	( ) Anticuerpos
	( ) Prolamina
	( ) Colágeno
	( ) Glicoproteínas
	( ) Elastina
	( ) Hormonas

2.- Correlaciona la proteína con la función que tiene en nuestro cuerpo y coloca la letra en el paréntesis que corresponda.

a) Glicoproteínas	( ) Forman parte de los cromosomas
b) Histonas	( ) Le permite a la piel y músculo estirarse
c) Colágeno	( ) Se encuentra en las uñas y el pelo
d) Elastina	( ) Es componente principal del cartílago
e) Queratina	( ) Se encuentra en las membranas celulares

3.- Escribe dentro de los paréntesis correspondientes los números que consideres convenientes.

a) Carbohidratos ( ) ( )
b) Lípidos ( ) ( )
c) Proteínas ( ) ( )
d) Ácidos Nucleídos ( ) ( )
e) Vitaminas ( ) ( )

I) Los triglicéridos y los esteroides pertenecen a éstas macromoléculas
II) Son compuestos inorgánicos de peso molecular elevado
III) Se clasifican en Monosacáridos, Oligosacáridos y Polisacáridos
IV) En su composición presentan sales minerales y agua
V) Pueden ser Fibrosas, globulares, simples o conjugadas

1) Contienen información genética y bioquímica
2) En el organismo forman y reparan tejidos como músculo y hueso
3) Son las reservas de energía en nuestro organismo
4) Se encuentran en todos los alimentos
5) Son la fuente primaria de energía en nuestro organismo

REACTIVOS DE ELECCIÓN

Este tipo de reactivos se caracterizan por presentar varios enunciados sobre un mismo asunto, que se contestarán escogiendo la respuesta de una serie de ellas anotadas en la parte superior.

Ejemplos:

Anota dentro de paréntesis la letra que corresponda a la respuesta correcta.

1. Está formada por una doble hélice de dos cadenas de nucleótidos: (   )
   a) ADN   b) ARN   c) Azúcar desoxirribosa   d) Proteínas

2. Es uno de los componentes de los nucleótidos: (   )
   a) genes   b) aminoácido   c) Vitaminas   d) Base nitrogenada

3. Son las bases púricas: (   )
   a) Adenina y guanina   b) citosina y timina
   c) Adenina y timina   d) Timina y uracilo.

REACTIVOS DE PREGUNTAS ABIERTAS.

Como se mencionó anteriormente, son se les llaman de respuesta libre o no estructurada, son aquellos en los cuales las preguntas están hechas para que el sujeto responda todo lo que quiera.

Ejemplos:

Instrucción. Contesta con tus propias palabras las siguientes preguntas:

1. Describe la función de la hoja de una planta

2. Describe la función del tallo de una planta

3. Describe la función de la raíz

REACTIVOS DE IDENTIFICACIÓN

Está formado por dos bloques, cada uno con dos columnas; en una se anota un esquema, dibujo, diagrama, mapa etc. y en la otra los enunciados.

Ejemplos:

Anota en el esquema la letra que corresponda a cada una de las partes de una flor

A	Sépalos (cáliz)
B	Óvulos
C	filamento
D	Antena
E	Estigma
F	Eje central
G	Estilo
H	Ovario
I	Pétalos (corola)
J	Receptáculo

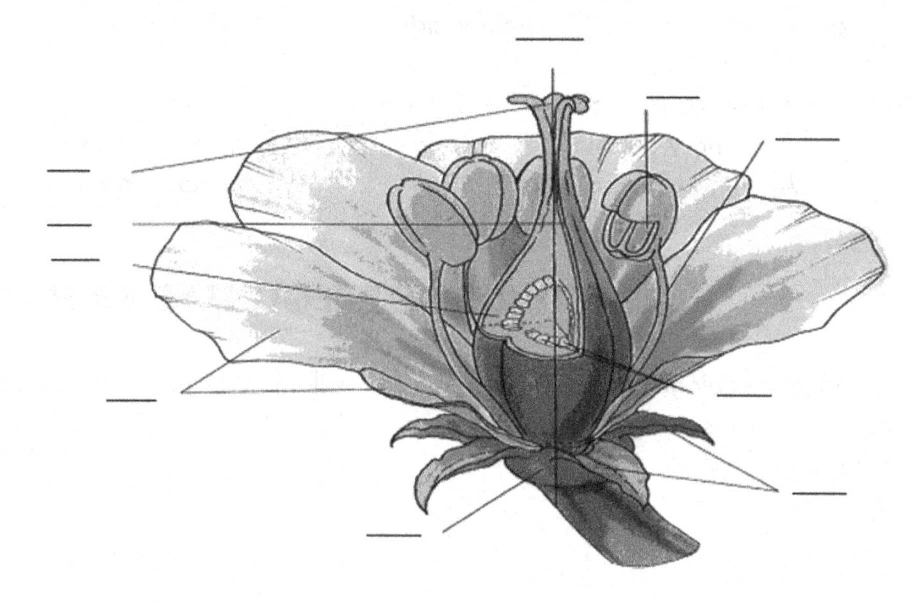

BIBLIOGRAFÍA

1. *Ausubel, D. Novak, J. Hanesian, H. (1995) Psicología Educativa. Un punto de vista cognoscitivo. México: Ed. Trillas.*

2. *Ausubel, D. Novak, J. Hanesian, H. (1995) Psicología Educativa. Un punto de vista cognoscitivo. México: Ed. Trillas.*

3. *Beane, J (2005). "La integración del currículo". Editorial Morato, S. L. páginas 61-96*

4. *Bello, A. (2000). Las Ciencias Naturales en la educación básica. basica.sep.gob.mx/reformaintegral/sitio/pdf/.../CIENCIAS_web.pdf*

5. *Bernard (1998). Revista de estudios sociales. res.uniandes.edu.co/view.php/143/view.php*

6. *Buzan, T (2001). Los mapas mentales. www.cneq.unam.mx/programas/actuales/.../01.../S2P3.pdf*

7. *Carreño H. (1981). Enfoques y principios teóricos de la evaluación. Ed. Trillas, México.*

8. *Carreño H. (1982). Instrumentos de medición del rendimiento escolar. Ed. Trillas, México.*

9. *Comte (2000) en cibernous.com/autores/Comte/teoría/biografia.html*

10. *De la Garza V. (2010). La Evaluación. http://www.comie.org.mx/v1/revista/portal.php?criterio=AUT00159&idm=es&sec=SC03&sub=SBA*

11. *Díaz Barriga F. (2000). Estrategias didácticas. México.*

12. *Díaz Barriga, F, Hernández. (1998). Estrategias docentes para un aprendizaje significativo. México. Mc Graw Hill. pp. 1, 2.4.*

13. *Díaz Barriga, F. y Muriá, I. (1998) "El desarrollo de habilidades cognoscitivas para promover el estudio independiente". Tecnología y Comunicación Educativas. Núm. 27 Enero. México*

14. *Dirección General de Bachillerato (2008). DGB Consultado en Portal Web DGB*

15. *Furrier. www.ibe.unesco.org/fileadmin/user_upload/archive/.../ferrieres.PDF*

16. *Flores (1996). www.mineducacion.gov.co/1621/article-107820.html*

17. *Gagné (2001). La teoría del aprendizaje. http://www.apsique.com/wiki/ApreGagne.*

18. *Instituto Nacional para la Evaluación de la Educación (2005) PISA para docentes. La evaluación como oportunidad de aprendizaje. SEP. Comisión Nacional de Libros de Texto Gratuitos. México. pp. 5-25.*

19. *Iturralde (2011) iturralde.olx.com.pa/educación-profesores*

20. *Knowles, Malcolm e Hilda (1962). Introducción a la dinámica de grupos, Ed. Letras, México.*

21. *Lafourcade, P (1978) Planeamiento, conducción y evaluación*

22. *Luetich (2002). Técnicas de estudio. www.luventicus.org/articulos/02A001/index.html*

23. *Maccario (2003). Evaluación educativa. www.chasque.net/gamolnar/.../evaluacion.03.html*

24. *Nerici, Imideo G.- Metodología de la enseñanza. Colección Actualización pedagógica. Editorial Kapeluz. México, 1982.*

25. *Olmsted, M. S. (1978). El pequeño grupo, Paidós, Buenos Aires.*

26. *Piaget, J. (1969). Psicología y pedagogía. Editorial Crítica. México.*

27. *Pooper. www.biografiasyvidas.com/biografia/p/popper.htm*

28. *Taggart, S. (2004) Biología la unidad y diversidad de la vida. Editorial Thompson. México.*

29. *Teleña, A. (2010). Requisitos de un test. portal.inder.cu/index.php/recursos.../ arts.../795-requesitos-de-un-test*

30. *www.unesco.org/education/educprog/.../declaration_spa.htm - Francia*